www.tredition.de

AF197610

Leon Connor

GENUG GELITTEN

Beziehungen und Probleme verstehen

© 2016 Leon Connor

Verlag: tredition GmbH, Hamburg

ISBN
Paperback: 978-3-7345-3768-4
Hardcover: 978-3-7345-3769-1
e-Book: 978-3-7345-3775-2

Printed in Germany

Vorwort

Was wäre wenn es für Kummer, Frust, Enttäuschung, Trennung oder Streit ein einfaches Rezept geben würde? Würden Sie es sich verschreiben lassen?

Was wäre wenn es für Ihr Problem bereits eine Lösung geben würde? Würden Sie ihre Probleme lösen?

Es gibt dieses Rezept sowie die richtige Lösung.

Einleitung

Man lernt nie aus!

Das Leben kann so wunderschön sein, wenn man es richtig versteht.

Hätte vor ein paar Jahren jemand gesagt, dass ich mich einmal Frage, wie eine Beziehung ohne Streit, Verzicht oder gar Enttäuschung funktioniert, oder wie ich meine Kinder einmal richtig erziehe, hätte ich diesen Menschen wahrscheinlich ausgelacht.

Wahrscheinlich hätte ich meine Stirn mit Falten gefüllt, hätte ein weiterer gesagt, dass es mir eins Tages sehr wichtig wird, dauerhafte und vor allem ehrliche Freundschaften zu pflegen.

Lächelnd wäre ich jenem begegnet, der gesagt hätte, wie wichtig es ist einen fairen/tollen Job auszuüben.

Was aber dem ganzen die Krone aufsetzte!

Als ein sehr weiser Mann sagte: Genau das sind die Grundbedürfnisse eines glücklichen Lebens.

Ich wage zu behaupten, dass jeder Mensch eines Tages genug davon hat, immer wieder enttäuscht zu werden. Und das ist auch sehr gut so. Ich glaube auch, dass es zu den wichtigsten Entscheidungen im Leben gehört sich das Ziel zu stecken: „Ich möchte glücklich sein." Zumindest war dies bei mir der Fall.

Klar kann man sich verbiegen oder Dinge versuchen, die die Beziehung oder das Leben wieder ins Lot bringt aber habe ich das nicht schon all zu oft versucht und bin daran gescheitert? Ich habe mir Vorwürfe zu Herzen genommen und mich angepasst. Je mehr ich mich verändert habe, desto unglücklicher wurde ich selbst, was sich noch negativer auf Partnerschaft, Freundschaft und den Job ausgewirkt hatte. Ich war gefangen in diesem Hamsterrad.

Aus meiner Sicht habe ich wirklich alles getan um dem gemeinsamen Glück zuzusteuern und bin daran gescheitert. Deshalb gab es für mich auch nur diesen einen Ausweg. Ich wollte es verstehen lernen.

Im Nachhinein kann ich sagen es hätte so einfach sein können ein glückliches Leben zu führen ohne das ein anderer darunter leiden muss. Aber wie viele andere konnte ich dieses Leben einfach nicht finden.

Ich tat so viele Dinge (unbewusst), weil ich glaubte richtig zu handeln oder zu liegen.

Ich hatte ein ganz klares Bild vor meinen Augen, was richtig oder falsch ist.

Die größten Fehler die ich beging, machte ich, weil ich glaubte Recht zu haben!

Ich war aber auch so überzeugt davon richtig zu liegen.

Mal ganz ehrlich: Wie schaut ihr Bild des Lebens aus?

Gibt es auch Streit oder Enttäuschung, wenn etwas nicht ihrer Vorstellung entspricht?

Wie wäre die Vorstellung, wenn statt Streit oder Enttäuschung nun ein Gespräch wartet um zu klären was wirklich richtig oder falsch ist und anschließend beide Parteien einen gemeinsamen Weg wählen könnten? Es ist manchmal nur ein Wort, das falsch verstanden oder interpretiert wird und schon hängt die Welt schief.

Es kann doch nur zu Streit kommen, wenn zwei Parteien meinen richtig zu liegen und nicht darüber sprechen können. Treffen hier zwei Menschen aufeinander die wachsen wollen und gelernt haben auch über unangenehme Dinge zu sprechen, können die eigenen Macken durch neue positive Denkansätze entfernt werden.

Es kann so einfach sein, wenn man versteht wie Glück funktioniert.

Was soll ich sagen. Ich war auch ein ganz normaler Mensch. Wie jeder andere bin ich davon ausgegangen, dass mein Leben richtig verläuft, wie es im Moment ist. Für mich war es normal, sich zu fetzen. Auch bestätigen die hohen Scheidungsraten, dass Trennungen zu einer normalen Sache geworden sind.

Es war also kein Wunder, dass meine Ehe scheiterte, ich das Haus verlor und mein Arbeitsplatz durch einen jüngeren ersetzt wurde. Ja ich habe diesen totalen Crash hinter mir und müsste lügen, würde ich sagen mein Leben verlief bis dahin toll.

Auf der einen Seite bin ich heute sehr froh, dass mir das Leben mit diesem Stop Schild begegnet ist. Auf der anderen Seite muss ich gestehen: Gäbe es in der Schule ein Fach, das Mensch sein (Psychologie) erklärt, hätte ich und wahrscheinlich viele andere nicht erst schmerzhafte Erfahrungen sammeln müssen, bevor man sich in ein glückliches Leben begeben kann.

Mathe, Deutsch, Englisch, Erdkunde, Religion usw. Alle diese Dinge habe ich gelernt. Aber wie menschliche Beziehungen richtig funktionieren, das hat mich keiner gelehrt.

Während meines Crashs hatte ich wirklich tolle Menschen an der Seite, die mir die Augen für dieses Leben geöffnet haben. Ohne diese Menschen wäre ich heute noch nicht in der Lage ein glückliches (erfülltes) Leben zu führen.

Sicherlich hätte ich weitere Beziehungen, Geschäftsverhältnisse oder Freundschaften eingehen können um festzustellen, dass es wieder nicht richtig funktioniert. Deshalb wählte ich den klassischen Weg und lernte zuerst in der Theorie, wie es funktioniert.

Ich hatte 3 sehr große Ziele vor meinen Augen die ich erreichen wollte.

1. Ich wollte eine Beziehung führen...

> ... die beide glücklich macht.

> ... in der man wächst.

> ... in der Streit zu Lösungen führt und nicht zu Verschwiegenheit.

> ... in der man sich auch liebt, wenn man sich nicht einig ist.

> ... in der ich nicht mehr selbstverständlich bin.

2. Ich wollte Freundschaften führen...

... die ehrlich sind.

... die Dauerhaft bleiben.

... in der man offen und ehrlich sein kann.

3. Ich wollte eine Arbeit...

... bei der ich geschätzt werde.

... bei der ich sein kann, wie ich bin.

... in der man nicht zum Opfer wird.

... bei der ich angemessen bezahlt werde.

Sind dies nicht wundervolle Ziele?

Alle diese Ziele habe ich erreicht und darf sagen angekommen zu sein.

Ich weiß nicht ob die Liebe & Familie, ehrliche Freundschaften und der richtige Arbeitsplatz ebenso wie bei mir zu ihrem Fundament eines glücklichen Lebens gehören.

Was ich aber weiß: Das Leben kann so einfach sein, wenn man es versteht.

Wenn ich heute in meine Vergangenheit blicke muss ich schmunzeln, weil ich weiß: Ich machte so viele Fehler, weil ich zu dickköpfig war, meine festgefahrene Meinung zu überdenken. Mit jedem neuen Menschen, dem ich begegnete hatte ich die gleichen Probleme, bis ich verstanden habe, dass ich viele Probleme selbst erschaffen habe.

Das Blatt in meinem Leben hat sich gewendet. Heute gehöre ich zu den Menschen, die ich früher immer bewundert habe. Und ja ich kann diesen Satz des weisen Mannes nur noch einmal bestätigen. Um glücklich zu sein, bedarf es eine glückliche Beziehung, tolle Freundschaften und einem Arbeitsplatzes der den Menschen zufrieden und glücklich macht.

Wer 24 Std. am Tag zufrieden und glücklich sein will benötigt 24 Stunden lang Dinge die ihn erfüllen. Anders funktioniert das Glück nicht.

Menschen die diese 3 Grundbedürfnisse verstanden und erfüllt haben, hält nichts mehr auf. Indem man sich für neues öffnet und die eigene Meinung nur noch als Wegweiser betrachtet, kommen so viele andere Dinge auf einen zu, die man sich bisher nicht einmal zu träumen gewagt hätte.

Streit oder Enttäuschung kann wirklich nur entstehen, wenn zwei Dickköpfe nicht bereit sind über ihre Gedanken zu sprechen. Viele Dinge die wir tun machen uns unglücklich, aber wir tun sie, weil wir glauben richtig zu liegen. Würde es aber richtig sein, könnten wir dann unglücklich sein? Heute sage ich ganz klar NEIN.

Was benötigt ein Mensch, der nach einem besseren (erfüllterem) Leben sucht?

Es ist lediglich das Ziel und den Mut sich in eine Welt der Veränderung zu begeben.

Das tolle ist: Jeder Mensch kann dieses Ziel erreichen.

Ich möchte sie nicht überreden mein Buch zu lesen.

Aber ich möchte erwähnen: Ein glückliches und erfülltes Leben ist kein Zufall.

Egal wie sie sich entscheiden:

Für Ihre Zukunft wünsche ich Ihnen ein tolles (erfülltes) Leben.

Vergessen Sie bitte niemals: „Dieses Leben hat jeder Mensch verdient."

Warum ist ein glückliches Leben schwer zu finden?

Eigentlich ist es gar nicht schwer.

Wir müssen nur verstehen lernen, dass jeder Mensch...

... anders empfindet.

... anders denkt.

... anders fühlt.

... anders liebt.

... uvm.

Also mit einem Satz gesagt.

Es gibt keinen Menschen der gleich ist wie Du.

Ich hoffe es ist in Ordnung für Dich, dass ich dich nun persönlich anrede.

Vielleicht sind es Kleinigkeiten die uns Menschen so unterschiedlich machen. Aber ich habe es schon oft erlebt, dass ein Wort für mich die pure negative Bedeutung hatte, was meinem Gegenüber als positiv geläufig war.

Da ich gelernt habe mich auszudrücken oder vielmehr das Hinterfragen aus der Kindheit zurück habe, stelle ich sehr oft Fragen an mein Gegenüber, wie er das meint. Vielleicht bin ich im ersten Moment etwas sauer oder enttäuscht weil ich ihn nicht verstehen kann. Im nachhinein wenn wir darüber gesprochen haben weiß ich, dass mich dieser Mensch nicht verletzen wollte, sondern lediglich eine andere Bedeutung zu dem gleichen Wort oder der selben Situation hatte.

Genauso verläuft es in allen menschlichen Beziehungen. Man handelt und spricht genauso wie man es zu Hause gelernt hat. Man gibt den Worten Emotionen hinzu und schon kann ein Missverständnis entstehen.

Logischerweise ist dies in der Liebe genauso. Wenn ich eine Vorstellung von der Liebe habe, muss automatisch ein anderer auch eine davon haben. Aber weder ich noch der andere können davon ausgehen, dass der andere das gleiche meint oder braucht wie ich. Vielleicht sind es Gesten, die ich anders verstehe als mein Partner. Oder es sind Erwartungen, die mein Partner an mich hat und ich diese nicht riechen kann. Jeder hat so seine Vorstellung vom Leben. Das einzige was uns hier das Leben so schwer macht, sind diese Dinge über die wir nicht sprechen.

Seit ich mich für neues öffne, spreche ich meinen Partner darauf an, wenn er mich verletzt oder in eine andere Richtung gehen will als ich. Vielleicht hört sich das im ersten Moment sehr dumm an, aber komischerweise ist innerhalb kürzester Zeit ein großer Streit zu Ende.

Ich kann mich doch nur über eine Sache aufregen, weil ich sie nicht verstehe.

Logischerweise muss mein Gegenüber die gleiche Sache anders verstehen, sonst würde er sie ja nicht tun, oder?

Das geniale an der ganzen Geschichte ist: Dass mein Partner niemals vor hatte mich zu verletzen. Er tut nur Dinge ganz unbewusst wie ich. Wir verhalten uns beide, wie wir es von unseren

Eltern als richtig beigebracht bekommen haben. Der Hammer an dieser Vorgehensweise ist:

Wir sprechen darüber und entscheiden später gemeinsam ob ich, mein Partner oder gar keiner Recht hat und wir gemeinsam nach einer neuen Lösung suchen.

Heute nachdem ich weiß, wie einfach das Leben eigentlich laufen kann, muss ich darüber lachen, wie oft und wie heftig ich gestritten habe, lediglich weil ich meinen Partner nicht verstehen konnte. Ja heute kann ich sagen: Es ist die Sprache die ich von meinen Eltern gelernt habe, die ich immer egoistisch verteidigt habe. Und genau das haben meine Partner eben auch gemacht. Es ist schon echt genial, trotz der ganzen Lehren, die ein Mensch lernen muss, dass er die wichtigste erst durch Hammer Enttäuschungen verstehen lernt.

Wenn Du jetzt noch Dein Umfeld, deinen Chef oder Kollegen verstehen lernst, wird Dir das Glück um die Ohren fliegen.

Es ist die unterschiedlich interpretierte Sprache der gleichen Worte, die uns Menschen das Leben so schwer macht.

Hinzu kommt die Tonwahl unserer Sätze, die eine Wirkung erzeugt, die für einen gut ist und für den nächsten die Hölle.

Wir Menschen sind alle als kleine Kinder geboren und mussten das sprechen, lieben und leben lernen. Das was uns unterscheidet ist die Erziehung; Erwartungen; die Sprache und die Emotionen.

Mehr ist es nicht!

Und nun wünsche ich Ihnen viel Spaß beim lesen.

Ich möchte ihnen wirklich helfen.

Ich versuche mein bestes zu geben, alles weiterzugeben, was ich gelernt habe.

Mein Ziel war es glücklich zu werden.

Heute ist es mein Ziel sie glücklich zu machen.

P.S.: Auch wenn es manchmal weh tut. Glauben Sie mir eines. Es ist sehr wichtig zu erkennen, wenn man falsch gelegen hat.

Das Leben ist wie eine Waage. Sobald es einseitig wird, kommt das Unglück ins Spiel. Und genau das wollen wir nicht mehr im Leben haben, oder?

Heute führe ich mein ZWEITES Leben.

Mein altes Leben das ich von 1982-2012 lebte, bestand aus verschiedenen Krankheiten, Konflikten und Dramen. Es folgten von der Kindheit bis zu meinem Neuanfang immer neue Schicksalsschläge.

Als ich mich 2012 einer Herzoperation unterzog, geschah das Unmögliche.

Zuerst zerbrach die Ehe. Danach suchte ich die Nähe bei Freunden den Kontakt abbrachen. Aufgrund der OP, wurde mein Vorarbeiter-Posten neu belegt.

Ich stellte fest, ganz egal was ich versuchte, es erreichten mich immer die gleichen Konflikte. Immer wieder zog ich Menschen in mein Leben, von denen ich irgendwann bitter enttäuscht wurde. Selbst im Job bin ich ständig Menschen begegnet die mir Ziele versprachen die ich niemals oder nur sehr schwer erreichen sollte.

Ich habe damals alles verloren, aber endlich ZEIT gewonnen.

Wie ein Kind, begann ich das Leben in Frage zu stellen.

Relativ schnell bemerkte ich, dass fast alle Beziehungen oder Freundschaften sowie Geschäftsverhältnisse die gleichen Parallelen wie meine Erfahrungen oder mein Leben aufwiesen.

Ebenso stellte ich fest, dass es zwei Grundcharaktere gibt, die mein Leben zu dem machten was es war.

Eine Charaktereigenschaft (dominant) kann sehr direkt reden. Sie möchte den Takt angeben und es ist ihr sehr wichtig, dass alles so passiert wie sie es sich vorstellt. Es dreht sich dabei alles um ihn und seine Ziele. Es muss in dieser Reihenfolge geschehen und alles andere ist falsch.

Die zweite Charaktereigenschaft (unterwürfig) kann sehr gut zuhören.

Sie möchte nicht im Mittelpunkt stehen. Sie ist es nicht gewohnt zu dirigieren. Sie ist es gewohnt von anderen dirigiert zu werden.

Da ich auch zu den Menschen zählte die eigentlich nicht im Mittelpunkt stehen wollten konnte sich mein Leben nur in diese eine Richtung entwickeln. Es war also kein Wunder, dass alles anders gekommen ist, als ich auch einmal etwas haben wollte, in der von mir gewünschten Reihenfolge.

Mein Leben, mein Umfeld und meine Freundschaften waren alle auf dieser Einbahnstraße aufgebaut. Als ich mich selbst veränderte kamen nur noch Sätze wie: Du hast dich negativ verändert. Es wird Zeit das Du wieder der alte wirst. Mein altes Umfeld konnte mit meiner Veränderung nicht mehr umgehen.

Dominanz und Unterwürfigkeit.

Alles auf dieser Welt findet das passende Gegenteil.
Ein Redner wird immer Zuhörer benötigen, wogegen Zuhörer einen Redner benötigen.

Hier begann eine äußerst interessante Phase auf meinem Weg. Ich stellte fest, dass man zur gleichen Zeit und sogar am selben Ort in zwei völlig unterschiedlichen Welten leben kann. Als ich selbst zu sprechen begann, bemerkte ich, wie sich mein altes Umfeld sofort von mir abwandte. Sobald zwei gleiche Charaktereigenschaften aufeinanderprallen und beide erzählen wollen, fehlen plötzlich die Zuhörer. Doch plötzlich interessierten sich ganz andere Menschen für mich. Es waren jene die mich früher nicht so sehr interessierten. Aber genau diese Menschen brauchte ich nun um meine Wünsche Ziele oder Geschichten zu erzählen.

Ich hatte das Spiel zwischen dominant und unterwürfig kapiert.

Es interessierten sich nun beide Charaktereigenschaften für mich. Dem einen spielte ich den Zuhörer und dem anderen eben den Redner.

Als sich nun meine alte Seite sehr stark für mich interessierte, bemerkte ich, sobald ich ein Ziel angegeben hatte, dass ich dieses nicht mehr selbst realisieren musste.

Jetzt hatte ich Leute an der Hand oder in meinem neuen Umfeld, die ihre Aufgabe darin sahen, dem anderen Wünsche oder Ziele zu erfüllen. Meine Ziele wurden mir schon fast aus der Hand gerissen als ich diese an die Zuhörer vermittelt hatte. An dieser Stelle zeigte sich mir, dass ich ab jetzt, nur die eigenen Ziele vorzustellen brauchte, aber nicht mehr für die Realisierung sorgen musste.

Hier begegnete ich der Einfachheit des Lebens.

Dies geschah, weil ich meine Ziele direkt beschrieben hatte und mein altes Umfeld durch Zuhörer gewechselt hatte. Ich bin froh das Leben aus der anderen Sicht zu kennen und weiß daher, dass dies ein falsches Spiel ist. Auch weiß ich aus eigener Erfahrung, dass diese Leute früher oder später aufwachen und dieses Rollenspiel beenden.

Wie vernarrt in dieses Thema, beschäftigte ich mich immer intensiver damit.

Nun konnte ich verstehen, dass eine Charaktereigenschaft der anderen ihre Ziele realisiert, aber diese sich wiederum nicht für die Ziele des anderen interessiert oder vielmehr nicht bei der Realisierung hilft.

Es ist schon irgendwie komisch, aber jemand der nur reden kann, braucht Zuhörer. Wogegen die anderen Redner brauchen. Die einen geben die Richtung an und die anderen sorgen für die Realisierung. Ich habe wirklich sehr lange gesucht, ob ich mittlerweile abnormal geworden bin. Auch wusste ich nicht, welche Seite ich nun annehmen sollte.

Ist es die einfache Seite des Lebens?

Aber mit der Gewissheit, andere Menschen auszubeuten. Oder möchte ich wieder in die alte Rolle schlüpfen und mich wieder in Partner oder Freunden verlieren?

Die perfekte Lösung wäre doch eine Mischung aus beiden. Aber ich wusste, dass im Moment solche Menschen sehr selten sind.

Ich habe deshalb den Entschluss gefasst, weiter zu forschen und mir den Kopf nicht über partnerschaftliche Dinge zu zerbrechen.

Die Innere Stimme

Die innere Stimme zu hören ist eine der wichtigsten Lektionen auf dem eigenen Weg ins Glück.

Ich verlor jegliches Interesse an den Menschen, die ich einst in mein Leben gezogen habe, oder die mich fasziniert haben. Vielmehr, habe ich mir die eigene Seite des früheren Rollenspieles angeschaut, die ich in fast jeder Beziehung finden konnte.

Ich konnte nun erkennen wie Opfer(unterwürfige Menschen) an einem Funken Hoffnung des Partners Halt suchen. Während der eine nur seine eigenen Ziele verfolgt bemerkt dieser nicht wie sehr er seinen Partner verletzt.

Ich selbst, habe lange Zeit an der Hoffnung festgehalten und konnte nun verstehen, dass sich diese nicht für meine Wahrheit interessieren. So lange dieser Funken in mir brannte, habe ich mich von Menschen abgewandt, die mich mit der Wahrheit konfrontierten. Nun war ich mit meinem Wissen alleine, konnte weder helfen, noch zurück in den Alltag, auch passte ich nicht mehr ins normale Raster. Es blieb mir nur eines, weiter nach der Wahrheit zu suchen.

Währenddessen bemerkte ich, dass mich nichts mehr anzog, wofür ich mich einst interessiert habe. Diese Magie von der ich immer angezogen wurde, sei es vom Partner oder von Freunden war nicht mehr da. Der Drang etwas Großes zu vollbringen war ebenso verschwunden. Auch brauchte ich keine Anerkennung mehr von anderen wofür ich einst so sehr kämpfte.

Ich wollte nicht mehr besser sein als die anderen.

Ich wollte nichts mehr beweisen.

Und ich wollte nicht mehr kämpfen.

Stattdessen hatte ich nun Ruhe und vor allem Frieden, wonach ich mich mein ganzes Leben sehnte und suchte.

Es ist sehr schwer zu beschreiben, aber ich kann heute sagen, dass alle früheren Begegnungen genau der Gegensatz zu mir waren.

Alles was ich angezogen habe war meine

Schattenseite um komplett zu sein.

Macken durch Stärken ersetzen.

Die eigenen Macken bilden ganz unbewusst Vorurteile die das Leben sehr einschränken können.

Macken hören sich immer so negativ an.

Sind sie aber nicht.

Ich habe mich genauestens mit meinen Macken befasst. Ich bewunderte Menschen die im Mittelpunkt stehen konnten. Ich bewunderte Menschen die ihre Ziele erreichten. Es war also kein Wunder, dass ich immer wieder auf solche Menschen hereingefallen bin. Aber ich habe bemerkt, welches Spiel diese Menschen spielen. Sobald man nicht mehr ins Leben passt wird man ersetzt durch Menschen die den anderen weiter bringen. Ich habe bemerkt, dass diese Menschen mich eines lernen sollten. Meinem Leben auch detaillierte Ziele zu geben.

Alle diese Beziehungen habe ich benötigt um zu lernen, mir selbst zum wichtigsten zu werden. Ich habe mich in diese Menschen verliebt oder verfangen, weil diese ihre Bedürfnisse kannten. Ich glaubte ernsthaft, dass mein Bedürfnis es war andere Menschen glücklich zu machen. Alles was ich an dieser Seite bewundert habe, war die Direktheit, die ich brauchte um ganz zu sein. Wogegen die Schattenseite immer den Glauben oder Umsetzung von mir benötigt hat.

Es ist schon echt krank, wie sehr Glaube und Bedeutung von Liebe auseinander gehen können. Beide Teile handeln aus Mangel an der fehlenden Hälfte.

Keiner kann ohne den anderen sein.

Früher oder später führt dies immer wieder zu Konfrontationen. An dieser Stelle hab ich Interesse daran gefunden mich selbst zu verändern. Früher sagte ich das kann ich nicht das bin ich nicht oder will ich nicht. Aber ich bemerkte nun, dass es so viele schöne Dinge gibt vor denen ich bisher immer mit Vorurteilen davon gelaufen bin.

Heute schaue ich Menschen nicht mehr neidisch an weil sie etwas tun was ich nicht kann, sondern schaue wie sie es tun. Ich nehme dieses Geschenk dankend an und versuche zu lernen, wie sie das tun oder was es genau ist, das mich fasziniert. Ich entscheide heute für mich selbst, was ich sein will, wie ich mich bewegen will oder was ich preisgeben will.

Ich selbst hatte immer schon einen Hass auf Tiere ganz egal welcher Art. Ich habe Tiere systematisch verurteilt. Ganz egal welche Art, ich konnte einfach keine Schönheit in diesen Lebewesen erkennen.

Nachdem ich dieses Vorurteil aber einmal bei Seite gelassen habe und mit einem Hund spazieren ging konnte ich feststellen, auch Tiere haben eine wunderschöne Seite. Heute könnte ich mir sogar vorstellen, irgendwann selbst einen Hund zu haben.

Ich probiere heute einfach so vieles aus, was ich früher verurteilte.

Natürlich bestätigen sich manche davon und man ist enttäuscht, aber die meisten zeigen einfach das Gegenteil. Einer der tollsten Tage in meinem Leben war, als ich beschlossen hatte, alles anzuschauen bevor ich es aus irgendeinem Grund abwerte. Mein Leben entwickelt sich seither so rasant, mit soviel neuem und schönem. Ich danke dem Leben, dass es mich wachgerüttelt hat. Ich darf heute so viele neue Erfahrungen sammeln, die ich mir bislang immer selbst durch Vorurteile und mein Denken ferngehalten habe.

Jetzt stellte sich Logischerweise die Frage, woher kommen meine Vorurteile?

Ich fragte mich, warum ich dem Leben immer mit Vorurteilen begegnete, obwohl ich weiß, dass ich diese Erfahrungen selbst noch gar nicht gemacht habe?

Ebenso woher das Bild kommt, wie mein Leben auszusehen hat?

Warum mein Denken immer so eingeschränkt war?

Warum das Leben mir immer das gleiche Leiden gebracht hat?

Warum haben verschiedene Glaubenssätze mein Leben regiert?

Relativ schnell konnte ich Parallelen zu meinen Eltern, Großeltern oder im „Familien-Clan" in jeglicher Hinsicht finden. Sei es die Vorstellung der Partnerschaft, wie auch alle anderen Bereiche des Lebens.

In unserer Familie ist der katholische Glaube sehr stark verbreitet, ebenso das Glaubensmuster, wer viel arbeitet, wird später viel haben.

Das Leben zum jetzigen Zeitpunkt wird dabei vergessen. Selbst bei der Freizeitgestaltung sucht man nach Konflikten oder spricht über die Arbeit. Ich bemerkte, dass alle Sitten oder Gebräuche in unserer Familie ziemlich ähnlich sind. Selbst die eigene Weltanschauung. Wir urteilten über andere deren eigene Weltanschauung einfach anders ist. Ich merkte sehr schnell, dass sich in unserer Familie alles um die Arbeit oder um andere dreht.

Dabei bemerkte ich nicht, dass es auch Menschen gibt, bei denen Freizeit ein viel wichtigeres Thema als die Arbeit ist. Aber die eigenen Glaubenssätze machten es unmöglich mich mit diesen Menschen zu verstehen.

Heute weiß ich, dass ich einfach beide dieser Teile brauche um glücklich zu sein.

Als ich bemerkte, dass mein Denken meine Vorurteile und mein Leben zum Großteil des Denkens unseres Familien-Clans entstanden ist wurde mir klar:

Ich bin ein Computer auf dem dieses Lebensprogramm installiert wurde. Alles was mein Computer als Virus betrachtete war in meinem Denken als Falsch verankert.

Dieses Betriebssystem zeigte mir die Liebe das Leben und das Glück auf eine Weise die ich als REAL empfand. Vieles von diesen Dingen bezeichne ich heute als richtig. Aber es gibt auch einige Veränderungen, die ich an meinem Denken verändert habe.

Dies war nötig um den Ausweg finden zu können!

Die eigene Realität

Den eigenen Antrieb oder die eigene Weltanschauung verstehen zu lernen ist sehr wichtig. So lange man KÄMPFT um Anerkennung zu ernten, wird man dieses Ziel sehr selten erreichen oder dieses nicht wertschätzen können.

Nun habe ich meine Kindheit durchforstet und bin dabei auf interessante Dinge gestoßen.

Als kleines Kind war mein Leben durch 2 Krankheiten geprägt. Zum einen war die linke Hüfte nicht richtig ausgebildet und zum anderen hatte ich eine seltene Herzerkrankung. Durch meine Krankheiten verbrachte ich viel Zeit in Krankenhäuser und bei verschiedenen Ärzten. Unter anderem hatte ich am linken Bein einen Gehapparat.

Ich habe noch zwei weitere Geschwister die glücklicherweise gesund sind. Während sie in der Kindheit normal aufwachsen konnten wurde ich bedingt durch meine Krankheiten ganz anders geprägt. Während ich mit einer Schiene an einem Bein das Laufen lernen musste konnten die anderen mit Leichtigkeit davonlaufen. Das Fahrradfahren habe ich mit einem Bein erlernt. Das Schlimmste daran war allerdings, als Linkshänder auf das linke Bein verzichten zu müssen. Schon als Kind wollte ich genau wie die anderen sein und habe bedingt dadurch, schon in der Kindheit viel zu viel Leistung aufbringen müssen, um die gleichen Ziele zu erreichen als die anderen. Ich musste auf sehr viele Sportarten oder andere schöne Dinge verzichten. Ebenso blieben mir in der Jugend koffeinhaltige Getränke verwehrt, da diese meine Herzrasen auslösten. Viele Kinder hatten Angst vor mir oder nannten mich behindert. Während mein Umfeld mit

Leichtigkeit Ziele erreichen konnte, war ich stets, das letzte Rad am Wagen. Somit stellte ich meinen Selbstwert ganz weit nach hinten und habe angefangen zu kämpfen. Ich wusste, dass ich mehr Leistung bringen musste als meine Mitmenschen, aber ich wollte eben genau so sein wie diese.

Ich wollte nicht mehr ausgelacht werden.

Ich wollte nicht mehr gemobbt werden.

Ich wollte nicht mehr, dass alle mit dem Finger auf mich zeigen.

Ich wollte einfach nur normal sein.

Ich wollte die gleiche Anerkennung bekommen.

Ich wollte die gleiche Liebe, Aufmerksamkeit ernten.

Ich konnte nicht mehr zu mir selber stehen, weil alle in meinem Umfeld mit dem Finger auf mich zeigten und mir klargemacht haben: Du bist nicht normal.

Hier begann ich zu kämpfen.

Während die einen stets die eigenen Ziele verfolgten habe ich nach Zielen gesucht in denen ich Anerkennung Liebe und Lob ernten konnte.

In der Musik konnte ich meine Gefühle so wunderbar ausdrücken. Ebenso bemerkte ich, dass ich dort Anerkennung fand. Ich habe Keyboard, Orgel, Klavier spielen gelernt, bis die Lehrer mir nichts mehr beibringen konnten. Ich habe einen Beruf erlernt, wo ich sagen kann einer der Besten zu sein.

Ich habe in Beziehungen zu viel getan.

Ich habe ständig andere in Schutz genommen.

Ich habe immer nur an das Gute geglaubt.

Ich glaubte alle Menschen sind gleich, nur ich passe nicht ins normale Raster.

Ich dachte ernsthaft, alle Menschen fühlen gleich; handeln gleich; denken gleich und verfolgen den gleichen Sinn. Aber diese Angst nicht gut genug zu sein hielt mich gefangen und es gab kein Entkommen aus diesem Hamsterrad.

Diese Angst trieb mich bis zu meinem Totalverlust.

Dabei habe ich nicht bemerkt, dass es noch vielen anderen genauso geht wie mir.

Daher, dass ich schon immer viel zu viel getan habe brauchte ich Menschen im späteren Umfeld die dagegen immer alles bekommen hatten.

Sie haben mir immer wieder das gleiche Gefühl aus meiner Kindheit der Angst vermittelt, eben das was ich als mein reales Leben verstanden habe.

Aber wie schon als kleines Kind bin ich weiter dem Fünkchen Hoffnung hinterher gelaufen. Ich bin Abends fast tot ins Bett gefallen so fertig war ich. Meine Partner dagegen konnten durch mich ein viel zu einfaches Leben genießen. Aber dies war meine eigene Realität bezüglich des Lebens oder vielmehr, wie das Leben auszusehen hat.

Als der Tag gekommen war an dem ich unter den ganzen Lasten zusammengebrochen bin ist die Zeit stehen geblieben. Diese Angst hat sich nun in allen Bereichen bewahrheitet. Es ging auch nicht von einem auf den nächsten Tag, aber ich will erklären wie es sich abgespielt hat. Ein Jahr bevor ich aus der Ehe geflohen bin war ich schon einmal am dem Punkt zu gehen. Mit gepackter Tasche stand ich im Wohnzimmer und wollte gehen als mein Partner eintrat.

Mein Partner versprach Veränderung und wollte etwas zur Beziehung beisteuern.

Wollte einen Job in der Nähe suchen.

Früher zu Hause sein.

Wir wollten mehr Zeit gemeinsam verbringen.

Auch wollten wir nach 10 Jahren Beziehung, an der Familienplanung arbeiten.

Wir wollten mehr Dinge gemeinsam erleben.

Mit diesem Fünkchen Hoffnung, habe ich erneut ein Jahr gewartet.

Aber es geschah alles anders.

Statt mehr Geld in die Beziehung zu bringen wurde ihr Pferd krank was Unmengen an Geld für die Tierklinik benötigte. Dabei gingen selbst die letzten meiner Ersparnisse für andere Angelegenheiten flöten. Sie hat weder regelmäßig gekocht, noch den Haushalt unseres Hauses erledigt. Statt früher zu Hause zu sein kam Sie abends um halb zehn nach Hause. Statt einen Job in der Nähe zu suchen hat sie sich im bestehenden befördern lassen. Statt mehr Dinge zusammen zu erleben, übernahm sie zusätzlich eine Patenschaft für ein Schaf, das sonst nicht überlebt hätte, weil die Mutter es abgestoßen hatte. Sie kam auf Familienfesten entweder zu spät oder ging früher. Wenn ihr etwas nicht gefallen hat saß sie ins Auto und schmollte. Das Thema Familienplanung nahm sie nur dann in den Mund, wenn ich den Zweifel an der Beziehung äußerte, um mich wieder für eine gewisse Zeit zufrieden zu stellen.

Aber Sie sprach von der großen Liebe...... :-)

Heute, an dieser Stelle kann ich sagen, dass sie in ihrer eigenen Welt oder Wahrheit lebt. Damals konnte ich nicht verstehen warum das nicht eintrifft was ich mir immer so sehnlichst erwünscht habe.

Sie hat schon in Ihrer Kindheit immer alles bekommen, somit muss sie logischerweise denken, dass das Leben die Einfachheit ist und kennt meine Realität nicht. Sie musste nie um etwas kämpfen, alles was ihr nicht zugelaufen ist oder nicht einfach war hat sie nicht gemacht. Wogegen ich noch immer diese Angst aus der Kindheit in mir getragen habe weniger Wert zu sein.

Auch hier stelle ich genaue Parallelen zum „Familien-Clan" fest.

Die Mutter ist zweifach geschieden. Somit ist Scheidung in dieser Familie kein Thema, wogegen ich ein großes Problem damit hatte und sehr lange an unserem katholischen Glaubensmuster festgehalten habe.

Ebenso gab es immer eine Trennung, wenn das Leben in dieser Familie zu schwer für sie wurde. Ein Kind nimmt automatisch die Muster der eigenen Familie unbewusst an. Gehen schon Eltern zu einfach mit dem Leben um denkt das Kind, genau das ist richtig.

Nun wohnte ich in der Einliegerwohnung meiner Eltern und war allein. Da ich die Jahre zuvor, fast keine Nähe bekommen habe, war ich sehr froh festzustellen, dass sich eine neue Frau für mich interessierte. Wir verbrachten viel Zeit miteinander, unternahmen Dinge und hatten viel Spaß, aber kurz nach dieser anfänglichen Magie, versuchte sie ebenfalls mich zu verändern. Auch sie hatte nur ihre eigenen Interessen verfolgt. Ich habe sie unterstützt. Sie war aber nicht bereit sich für meine Angelegenheiten zu interessieren. Ich beendete diese Art von Beziehung.

Auch hier konnte ich wieder Parallelen zu den Eltern entdecken. Sie hat auch immer alles bekommen und denkt deshalb, dass es richtig ist zu nehmen oder nur die eigenen Interessen zu verfolgen.

Schon wieder hatte ich eine ähnliche Situation in meinem Leben.

Aber ich war mittlerweile am Punkt angekommen nicht mehr ausgenutzt werden zu wollen. Bedingt durch meine eigenen Probleme habe ich mich zurückgezogen und durfte nun feststellen, wie viele von meinen Freunden wirklich für mich da sind.

Auch konnte ich feststellen, dass meine Freunde, die aus dem gleichen Umfeld kamen wie einst meine Partner die Ferne suchten sobald ich etwas von ihnen brauchte. Sie waren es nicht gewohnt von mir, dass es nun an der Zeit war an der ich etwas von Ihnen brauchte. In ihrem Blickwinkel habe ich mich nun verändert und passte nicht mehr in ihre eigene Wahrheit, deshalb konnten sie mich mit der neuen Rolle gar nicht verstehen. Sie sahen mich nun spiegelverkehrt und von meiner schwachen Seite. Aber sie konnten mit dieser nicht umgehen, weil meine Freunde auch eine Erziehung genossen haben in der diese gewohnt sind, dass andere Menschen Ihre Probleme oder Wünsche erfüllen.

Meine damaligen Freunde haben nie gelernt zu verzichten und ein Leben unbewusst genossen in dem sie von mir profitiert haben so lange ich in ihr Raster passte. Sie haben gelernt Probleme an andere abzugeben, wogegen ich immer der annehmende und realisierende Pol war.

Deshalb habe ich meinen Freundeskreis ziemlich eingeschränkt und nenne meine damaligen Freunde heute Bekanntschaften.

Den Ängsten stellen

Es ist nicht schlimm zu sterben. Viel schlimmer ist es ein Leben zu führen, dass einem Roboter gleicht.

Nun machte mir meine Herzkrankheit immer mehr Probleme. Es gab mittlerweile eine Methode, diese Krankheit erfolgreich zu beenden. Ich möchte auf diese Erfahrung etwas genauer eingehen, weil diese eine sehr wichtige Lektion für mich war, um weiterzukommen.

Ein Herz eines Kindes hat 2 Reizleitungen. Normalerweise stirbt eine davon bereits im Säuglingsalter ab. Dies war bei mir nicht der Fall. Bei mir blieben beide dieser Reizleitungen bestehen. Wenn ich tief einatmete, löste die zweite Reizleitung zusätzliche Impulse aus und mein Herz schlug doppelt so schnell. Als Kind bemerkte ich dieses durch Kurzatmigkeit gut unter Kontrolle zu halten, aber je älter ich wurde umso weniger konnte ich dies kontrollieren.

Dieser Eingriff ist mittlerweile ein Routineeingriff und relativ ungefährlich. Über mehrere Herzkatheter bewegt sich ein Werkzeug durch die Hauptschlagader im Bein bis ins Herz. Dort angekommen wird die zweite durch elektrische Impulse zerstört. Dieser Eingriff erfolgt bei vollem Bewusstsein.

Als meine die Reizleitung erfolgreich getrennt wurde war mein Herz außer Kontrolle. Die Ärzte sagten, dass sie mich nun neu starten müssten um einen normalen Rhythmus herstellen zu können. Das Gute daran war, dass ich zu diesem Zeitpunkt nicht mehr zurück konnte und mir nur diese eine Wahl blieb.

Mit der Gewissheit jetzt könnte ich sterben verlor ich meine letzte Angst, indem ich mich dieser stellte.

Als ich wieder zu mir gekommen bin, sah ich viele Ärzte mit Schweiß gebadeter Stirn und dennoch erleichtert. Der Chefarzt sagte Gott sei Dank wir haben sie wieder. Ich sagte „WHAT?" Er meinte, sie waren 8-10 Minuten Tod und erst beim allerletzten Versuch habe mein Herz wieder anfangen zu schlagen.

An diesem Tag habe ich begriffen, dass das Leben schlagartig enden kann. Von einer Minute zur nächsten kann alles vorbei sein. Ich kenne den Moment in dem gesagt wurde, wir müssen sie nun neu starten und ich kenne den Moment, als ich wieder da war. Diese 8-10 Minuten als ich tot war, waren nicht schlimm, da einfach nur das Licht ausgeschaltet wurde. Wäre es ab diesem Zeitpunkt zu Ende gewesen hätte ich nichts vermisst. Aber ich war glücklich vom Leben noch mal eine Chance zu bekommen.

Ich habe nun die größte Angst verloren.

Die Angst vor dem Tod.

Überhaupt, wurde mein innerer Frieden immer größer und stärker. Ich wusste, dass sich alle Ängste die auf Illusionen aufgebaut sind, früher oder später bewahrheiteten. Ich hatte nun gelernt, zu meiner schwachen Seite zu stehen.

Nach 14 Jahren Arbeit im Betrieb war ich zum ersten Mal über eine längere Zeit krank geschrieben. In diesem Betrieb hatte ich die Lehre absolviert, über das Gesellen-Dasein zum Vorarbeiter.

Weiter in die Chefetage um Angebote, Rechnungen, Arbeitsabläufe, oder Kunden Gespräche zu führen. Nach meiner damaligen Auszeit, gezwungenermaßen meiner „Herzens-Angelegenheit" die ca. 2 Monate anhielt, ersetzte mein damaliger Chef meinen Posten durch einen neuen Mitarbeiter. Nach kurzer Zeit durfte ich den neuen Mitarbeiter in meine Bereiche einlernen und mich schickte man zurück, als normalen Gesellen auf die Baustelle. Es folgte die Lohnkürzung und das Privileg meinen Pkw zu betanken wurde entzogen.

Dieser Abschnitt meines Lebens war ein sehr wichtiger, aber zählt auch zu den Schmerzhaftesten. Dieser psychische Druck war nicht mehr auszuhalten. Einst einer der Gefragtesten im Betrieb und nun nichts mehr.

Glücklicherweise schenkte mir das Leben eine neue Auszeit.

Durch einen Skiunfall habe ich meine Schulter verletzt und mit defekter Schulter ist ein Arbeiten in meinem Beruf unmöglich. Die Ärzte waren sich nicht einig mit der Wiederherstellung meiner Schulter. Durch verschiedene Meinungen und der langen Zeit des Wartens verklebte meine Schulter völlig. Hätten die Ärzte damals gleich mit der Physiotherapie begonnen, wäre diese lange Auszeit nicht Möglich gewesen.

Nach mehreren Monaten stellte ich fest, dass ein erneutes Arbeiten für diesen Arbeitgeber unmöglich ist. Ich tat zum ersten Mal etwas wovor ich immer eine sehr große Angst hatte. Es begann ein monatelanger Rechtsstreit bezüglich meiner Abfindung. Mein damaliger Chef sagte, ich soll als normaler Geselle weiter arbeiten und er wolle auf mich nicht verzichten. Was aber für mich ausgeschlossen und unzumutbar war. Dies tat er, um zu erreichen, dass ich meinerseits kündige oder zu seinen Gunsten den Aufhebungsvertrag unterzeichne.

Es war ein so neues tolles Gefühl in mir.

Zum ersten Mal habe ich auf mein Recht bestanden.

Ich habe zuvor immer klein beigegeben. Diesen Rechtsstreit habe ich zu meinen Gunsten gewonnen.

Er musste einen Niederschlag hinnehmen oder zu seinen eigenen Fehlern stehen.

Ich habe hier ein entscheidendes neues Werkzeug anzuwenden gelernt.

Ich habe meinen Selbstwert verteidigt und somit die Angst weniger Wert zu sein, die ich seit der Kindheit mitgetragen hatte. Aber auch hier kann ich diesem Menschen nichts verübeln, denn er handelt aus seiner eigenen Wahrheit. Dies ist ein Mensch der immer alles bekommen hat und niemals selber einen Bezug zu Geld hatte.

Ebenso versucht er bis heute, durch Anschreien der Mitarbeiter einen Druck aufzubauen, was in seiner Kindheit schon immer zu seinen Zielen geführt hat. Auch bei mir hat das 14 Jahre sehr gut funktioniert. Als ich meinen Selbstwert gefunden hatte, wollte ich nur noch eine gerechte Abfindung für meine jahrelange Treue und das zuvorkommende Interesse an seinem vererbten Unternehmen. Seinen Angestellten verspricht er Dinge, die niemals eingelöst werden. Somit beutet er immer wieder neue Leute aus. Sobald ein Mitarbeiter seinen Nutzen nicht mehr erfüllt wird dieser systematisch aus der Firma entfernt. Das gleiche Muster konnte ich wieder bei seinen Eltern entdecken. Somit denkt dieser Mensch automatisch das Richtige zu tun und handelt in seiner eigenen Realität. Er wendet Gewalt gegenüber seiner mittlerweile geschiedenen Frau und Kinder an, weil er dies in seiner eigenen Kindheit erlebt hat. Sein Kind aus der vorigen Partnerschaft lebt mittlerweile im Heim.

Er lernte durch seinen Vater, dass Schläge und Schreien die richtigen Methoden sind um das Umfeld zu beherrschen.

Nur hat sein Vater ein wichtiges Detail übersehen. Mein damaliger Chef musste niemals um Geld kämpfen und hat somit überhaupt keinen Bezug dazu und kann mit diesem auch nicht haushalten. Auch hier wird das Leben gerecht sein und wird ihm alles bringen, was auch sein eigenes Kartenhaus irgendwann zum einfallen lässt. Seinem Unternehmen, das ursprünglich der Opa gegründet hat, geht es mittlerweile sehr schlecht.

Stolz und Anerkennung

Menschen tun sehr viele Dinge um ANERKANNT zu werden. Dabei vergessen die meisten zurückzublicken und nehmen diese somit auch nicht wahr.

Ein weiterer wichtiger Schritt in meinem Leben:

Ich lehnte mich zurück und betrachtete mein Leben.

Schon in der Jugend hatte ich mehrere Instrumente perfekt gespielt. Sehr früh übernahm ich Verantwortung für ein eigenes Leben. Ich zog mit einer Frau zusammen und finanzierte ihr das Studium, Versicherungen, Handy, sowie sämtliche lebensnotwendigen Dinge. Vom Lehrling habe ich es bis in die Chefetage geschafft. Ich habe ein Nebengewerbe aufgezogen und Zeitweise mit 15 Leiharbeiter gearbeitet. Mit 30 Jahren bin ich Besitzer eines frisch renovierten Hauses und nur 40.000 Euro Schulden. Während ich dieses Haus umgebaut und renoviert hatte kam von meiner damaligen Frau nur die Unterschrift für den Kredit. Ich besitze 2 PV Anlagen die zusammen 108,5 KwP aufweisen. Ich bin Gründer eines Vereinen der binnen zwei Jahren über 130 Mitglieder aufweist. Ein eigenes Vereinsheim, sowie einen Lkw Anhänger als Umzugswagen besitzt.

Bei allen dieser erbrachten Leistungen habe ich eines stets vergessen: zurück zu schauen.

Ich habe vergessen nachzusehen wie viele Leute daneben standen um von mir zu profitieren. Ich habe vergessen in den Rückspiegel zu schauen um erkennen zu können was kommt zurück. Ich stellte fest, dass ich schon lange nicht mehr der kleine behinderte Junge war, der immer mehr Leistung bringen musste als die anderen. Ebenso stellte ich fest, dass mich dieses kindliche Denken so wahnsinnig angetrieben hat, dass ich mir niemals die Frage gestellt habe, was kommt zurück. Nun wusste ich, dass ich bereits Dinge erreicht habe, die andere ein ganzes Leben nicht erreichen würden.

Als mir dieses bewusst wurde, war ich zum ersten Mal sehr stolz auf mich.

Auch konnte ich mir selbst Anerkennung geben, wofür ich so lange vergeblich gekämpft habe.

Ich brauchte diese ganzen Bewunderer nicht mehr, die mein bisheriges Leben eingeschränkt hatten, denn das einzige was ich von ihnen zurück haben wollte war die Anerkennung. Der Wunsch besser zu sein oder zu kämpfen, dass etwas an meiner Seite klebt ist ebenfalls verschwunden. Auch wenn sich das etwas abgehoben anhört aber heute bin ich mir selbst das wichtigste. Ich akzeptiere mich endlich genauso wie ich bin. Und ich fühle mich sogar richtig gut dabei. Früher habe ich mich so wahnsinnig verbogen und damit den größten Betrug an mir selber begangen nur um andere glücklich zu machen.

Heute ist es mein Ziel selber glücklich zu sein.

Seit ich mir selber mit dieser Liebe und Anerkennung begegne brauche ich diese nicht mehr von anderen. Ebenso weiß ich, dass ich mit jeder Lüge ernte was ich sähe. Ich habe dieser Lüge geglaubt, weniger wert zu sein. Bis ich begriffen hatte, dass dies schon lange nicht mehr mein Leben bestimmte. Ich habe meine Waffen niedergelegt und werde niemals wieder Menschen hinterher rennen, denen ich zuerst etwas geben muss. Weil ich weiß, dass alles was mich einst angezogen hat eine fehlerhafte Software in meinem Gehirn auslöste.

Wenn ich heute einer solch faszinierenden Person begegne schaue ich was es genau ist, das mich an dieser interessiert und ändere mich in genau diese Richtung, bis die Faszination weg ist. Auf jeden Fall kann ich sagen, dass es niemals Liebe war, die mich in solche Begegnungen brachte, sondern der Wunsch diesen Menschen oder seine Art zu verstehen um mich weiterzuentwickeln zu können.

Ich betrachte das Leben heute als ein Geschenk und lebe ständig mit dem Gedanken, dass erneut das Licht ausgeschaltet werden kann.

Der Tod wird kommen, dies ist gewiss.

Seither frage ich mich jeden Tag, was ich Besonderes tun will. Ich lasse keinen Alltag mehr zu.

Auch habe ich mir geschworen nie wieder etwas an meiner Seite zu haben für das ich kämpfen muss. Ich weiß, dass all´ meine früheren Momente nur aufgrund meines Autopiloten entstanden sind. Seit ich mich selbst annehmen kann und hier meine ich komplett mit meinen Macken oder meinem aussehen merke ich, dass sich nur noch Leute für mich interessieren, die gleiche Interessen teilen und mich nicht verändern wollen. Die Menschen die mir heute begegnen sehen an meiner Ausstrahlung, dass ich nichts Böses im Schilde führe. Es entstehen so viele neue Begegnungen, die mir das Leben bisher anhand meines Autopiloten vorenthalten hat.

Ich bekomme ständig Komplimente.

Ich bekomme Anerkennung im Überfluss.

Die Menschen fühlen sich angezogen wie ein Magnet.

Die Jobangebote fliegen mir zu. Ich kann mir aussuchen, was ich machen will. Auch wenn ich heute die ganzen Menschen unterscheiden kann, die mir einst so viel angetan haben begegne ich jedem höflich und nett.

Es geschehen wirklich Wunder, wenn man bereit ist sich und seine Macken zu verändern.

Alles was ich mir einst so sehr gewünscht habe trifft nun ein.

Denn was wünscht sich jeder Mensch?

Friede

Liebe

Glück

Als ich eines Tages auf meiner Brücke am Bach gesessen habe ist ein solches Wunder eingetreten. Immer wieder verfolgte ich die Status-Meldungen im Chat. Plötzlich war ich wie besessen von einer dieser Meldungen einer Frau. Dieser Satz sprach mich sofort an. Ich hatte diese Frau schon vor eineinhalb Jahren als Vereinsvorstand in meinem Handy gespeichert aber wahrgenommen habe ich sie zuvor nicht. Mehrere Tage lang habe ich nun besonders auf Ihre Meldungen geschaut und ganz egal was sie als Status einsetzte es sprach mich an.

Einige Wochen später bewirtete unser Verein an einer Hochzeit. Sie hat an diesem Tag auch bewirtet. Diese Frau hat gearbeitet ist gesprungen, während andere im Verein nur anwesend waren und von den arbeitenden profitiert haben. Ich sah in ihr meine frühere Rolle, wobei ihre Status-Meldungen zeigten, dass sie sich ebenfalls aus der Rolle befreit hat.

Zwei Tage später schrieb ich ihr eine Mail in der ich mich für ihre außergewöhnliche Leistung bedankte und sprach sie auf ihre Meldungen an. Relativ schnell stellte sich heraus, dass wir so ziemlich die gleichen Erfahrungen gemacht haben. Wir tauschten uns aus indem jeder dem anderen zuhörte. Innerhalb kürzester Zeit schrieben wir fast permanent miteinander, was sich aber in erster Linie als Freundschaft anfühlte. Wir lernten die Ziele des anderen kennen. Ebenso haben beide ihre ganzen Erlebnisse weitergegeben. Je mehr wir miteinander schrieben umso mehr Magie kam ins Spiel. Ich hatte mich mit dieser Frau noch nicht einmal getroffen, aber es waren Gefühle im Spiel wie ich sie zuvor noch nie erlebt habe. Je mehr wir uns schrieben desto mehr stellte sich heraus, dass es beiden gleich erging.

Wir verabredeten uns und trafen uns an einem See. Ich habe mir geschworen, nur kennenlernen und reden. Nicht mehr darf sein.

Aber es kam alles anders.

Wir konnten nichts tun. Es zog uns magisch so zusammen, dass wir uns umarmten und küssten. Es ging sogar so weit, dass wir damit gar nicht mehr aufhören konnten. Von nun an verbrachten wir immer mehr Zeit miteinander und alles ging so rasant schnell. Alles was ich mir geschworen hatte, nicht wieder schnell zu tun, war wie vergessen. Diese Frau hat die gleichen Träume Wünsche sowie Vorstellungen des Lebens.

Wir sind gleich

Sie schenkt mir Anerkennung obwohl ich sie nicht mehr brauche.

Sie ist für mich da obwohl ich selbst stark genug bin.

Sie macht mir Mut obwohl ich zu den mutigsten Menschen zähle.

Sie glaubt an mich obwohl mein Glaube unendlich stark ist.

Sie gewährt mir Schutz obwohl ich in nicht mehr brauche.

Sie lässt mich frei obwohl ich bei ihr sein will.

Sie akzeptiert mich so wie ich bin.

Sie verbietet mir nichts.

Heute führen wir eine Beziehung in der Offenheit die wichtigste Rolle spielt. Wir tragen keine Machtkämpfe aus oder versuchen den Partner zu ändern. Wir suchen gemeinsam nach Nähe aber auch den Abstand.

Wir sprechen mittlerweile offen über wirklich alles.

Keiner will dem anderen wehtun.

Keiner will, dass der andere auf etwas verzichtet.

Wir müssen uns nichts gegenseitig beweisen.

Ebenso wissen wir aber beide, dass zu jeder Zeit das Ende kommen kann. Genau deshalb schätzen wir die gemeinsamen Momente noch viel inniger. Doch nun genug zu mir und meinem Leben. Ich darf mich heute zu den wenigen wirklich glücklichen Menschen zählen.

Da ich mir selber zum Wichtigsten Teil in meinem Leben geworden bin lasse ich keine negativen Gefühle mehr zu. Hiermit meine ich nicht diese zu verdrängen. Sobald mich etwas beschäftigt versuche ich es meinem Partner oder meinen Freunden zu beschreiben. Ich versuche sie, oder ihr Handeln aber ebenfalls zu verstehen. Und hier finde ich immer wieder die unterschiedlichsten Erfahrungen oder Software-Stände. Und wirklich das Tolle daran ist, dass mal die eine Seite Recht hat und das andere Mal ich selbst. Aber nur so kommt eine neue Ansicht im eigenen Leben hinzu. Ich höre mir die Kritik gerne dankend und ausführlich an. Immer wieder stelle ich fest, dass mich hier und da ein fehlerhaftes System den Blick auf die Wahrheit verlieren lässt. Ich nehme diese Kritik an und verändere mich in die positive Richtung. Denn oft sind diese Menschen die einen verletzen oder tadeln die wichtigsten im Leben.

Eines ist ganz sicher das lernen hört niemals auf.

Wir versuchen ständig die Welt zu verändern.

Wir benötigen immer wieder neue bessere und schnellere Computer, aber am eigenen Betriebssystem zu arbeiten traut sich fast keiner. Würden wir an unserem eigenen inneren Computer ein Software Update ausführen, könnten die eigenen Macken oder auch Schattenseite, durch Kritik anderer erkannt und behoben werden. Aber hier muss man zuerst den Vorteil von Kritik beherrschen.

Einseitige Beziehungen

In den meisten Beziehungen geht das SPIEL zwischen Opfer und Täter schon anfänglich los. Auf den folgenden Seiten möchte ich beschreiben, warum ich das Werten zwischen den beiden Charakteren verloren habe:

Viele sprechen immer wieder vom verflixten siebten Jahr. Ein Mensch verändert sich alle sieben Jahre ganz von selbst. Dies trägt auch nicht immer gleich Früchte, sondern kann unter Umständen eine ganze Zeit dauern bis Veränderungen eintreffen.

Wenn Opfer zu Tätern werden und ausbrechen!

Aufopfernd für die Beziehung oder den Job aufgrund der Kindheitserfahrung stellen sie irgendwann fest, dass sie viel zu viel Leistung erbracht haben wogegen andere immer davon profitiert haben und wechseln ihren Charakter. Sie nehmen ebenfalls die Leichtigkeit an und stellen ihre Leistungen ein. Oft versteht der andere diesen Menschen nun nicht mehr und äußern Sätze wie, du bist nicht mehr der Alte und stellt seine eh schon zu geringen Leistungen auch noch ein worauf die Trennung erfolgen muss. Ein Teil will nun sehen, dass etwas zurück kommt und das versprochene eintrifft. Wogegen der andere ein solches Leben niemals kennengelernt hat und die bisherigen Leistungen schon als Kampf versteht und diese daraufhin auch noch einstellt. Beide Parteien meinen zu kämpfen während die Unterschiede ganz eindeutig sind.

Nun sehen sich die Verlassenen oft als Opfer und lesen Ratgeber, wie bekomme ich meinen Ex zurück, usw. Ganz oft wird darauf hingewiesen, man soll sich nicht mehr melden oder soll seine Dienste ganz einstellen worauf der andere merken soll, was er verloren hat.

Wenn derjenige ausbricht, der immer schon zu viel getan hat, dann nur aus einem Grund, er ist nicht mehr bereit für die Beziehung zu kämpfen oder in diese zu investieren. Der Verlassene tut nun genau das, was er schon während der Beziehung getan hat. Das bisherige Bild des wahren Opfers wird nun noch verstärkt. Meistens bemerken die ursprünglichen Opfer, die schon während der gemeinsamen Zeit immer wieder enttäuscht worden sind sogar, dass das Leben plötzlich sehr viel leichter wird und wollen noch weniger in die alte Beziehung zurück, während Täter nun Dinge tun müssen, die einst der Partner erledigt hat.

Eines ist gewiss:

Der eine Teil, der immer zu viel getan hat, will zu einer Zeit auch einmal den Genuss der Leichtigkeit genießen. Sonnst würde es keine Gründe für eine Trennung geben.

Es gibt aber auch eine weitere Möglichkeit:

Ein Opfer stellt die zu viel erbrachten Leistungen noch während der Beziehung ein. Der andere kann mit diesem Zustand nicht umgehen. Er kennt seinen Partner so nicht und stellt daraufhin seine eh schon zu geringen Leistungen ein. Er geht sogar so weit zu behaupten werde endlich wieder normal oder ich verlasse dich, wenn du nicht bald wieder normal wirst. Wenn ein Opfer seine Dienste noch während der Beziehung einstellt flüchtet meistens der Täter aus dieser für ihn erstmalig schweren Situation und sucht sich erneut eine einfache Beziehung.

Leider ist es nun oft so, dass die wahren Opfer nun noch stärker in ihrem Selbstwert gekränkt sind und alles versuchen um den Partner zurückzubekommen. Sollte aber das Opfer genau jetzt diese empfohlene Funkstille der Ratgeber befolgen wird früher oder später der Flüchtling merken was er verloren hat.

Nun wird höchstwahrscheinlich folgendes geschehen

Der Täter der die Leichtigkeit des Lebens konsumiert wird immer wieder die gleichen Erfahrungen sammeln. Meistens müssen sie ständig Freundeskreise oder Beziehungen beginnen sobald diese bemerken, dass es immer nur in eine Richtung funktioniert. Der Mensch, der es sich einfach macht braucht immer wieder neue Menschen die ihm kurzfristig Glauben schenken.

Diese Erfahrungen wird dieser so lange machen bis er begreift, was er mit seinen Mitmenschen oder Partnern anstellt und mit der wahren Realität konfrontiert wird.

Das frühere Opfer wird nun selbst zum Täter.

Es entdeckt die Leichtigkeit die einst nur die früheren Bekanntschaften waren. Daraufhin wechselt es den Bekanntenkreis um sich den Kummer oder das Erfahrene von der Seele zu reden. Dabei bemerkt es aber nicht, dass es sich dabei nur noch um sich selbst dreht und nun Freunde an der Seite hat, die ebenfalls Opfer sind. Nun begibt sich das frühere Opfer genau in die gleiche Rolle. Ganz unbewusst machen die meisten an diesem Punkt auch die Erfahrungen verlassen zu werden, oder ständig neue Freunde zu benötigen, die ihnen Aufmerksamkeit schenken.

Hier vergessen die meisten ihre alte Rolle. Das Zuhören oder das Dasein für andere.

Was einem früher der Partner oder Bekanntenkreis antat, tut man nun seinen neuen Mitmenschen an. Somit gleicht sich das System von selbst aus. Dieses Rollenspiel geht so lange bis man in der sogenannten Midlifecrisis steckt und das Leben in Frage stellt.

Diese stellt die größte Chance im Leben dar.

Alle gemachten Erfahrungen werden hier verarbeitet.

Endlich am Punkt angekommen stellt man sich selbst in Frage. Man schaut sich das Leben aus einer anderen Perspektive an. Und hier kann man vom Tag der Abrechnung sprechen. Man begegnet sich und seinen ausgeteilten Handlungen.

Du hast Leute und deine Familie ausgebeutet um ein volles Konto zu ernten?

Deine Familie wird sich von Dir abwenden und das Leben schenkt Dir Bekanntschaften die nur an Deinem Geld interessiert sind.

Du hast immer wieder nur durch Reden deine Ziele erreicht?

Du wirst keine Lust mehr zu sprechen haben und automatisch einen Partner vom Leben bereitgestellt bekommen der Dir den Ton angibt und Du dich aufopferst.

Du hast durch Druck, Schreien, Gewalt usw. alles bekommen was du wolltest?

Das Leben schenkt Dir Einsamkeit und Krankheiten. Du hast früher sehr viel Geld auf ungerechte Art und Weise verdient, wirst Du den Drang verspüren, auf spirituelle oder andere Arten, dem Leben das zurückzugeben, was Du zu viel genommen hast.

Durch Vorträge usw. wirst Du den Menschen deine eigen ge-machten Fehler so lange predigen, bis Du frei davon bist und Deinen Weg weitergehen kannst. Du warst zu faul, das Leben begegnet Dir mit Depressionen. Du hast dich aufgeopfert für andere? Das Leben bringt Dir ein Burnout-Syndrom, oder eine größere Krankheit, in der Dir Leute zur Seite gestellt werden, die Dir einst zu viel genommen haben.

Spätestens hier wirst Du alles ernten, was Du zuvor gesäht hast. Indem Du diese zweite Hälfte erkundest, die einst Dein Gegen-über war.

Das Schlimmste daran ist es in dieser Phase festzusitzen.

Der Arzt stellt die Diagnose Midlifecrisis und Du gehst kaputt daran.

Hier will dein Leben betrachtet werden.

Diese Krise wird so lange anhalten, bis Du Dir darüber klar ge-worden bist, welche der beiden Charaktereigenschaften du hauptsächlich gelebt hast. Ganz egal ob Opfer oder Täter, so-bald Du verstanden hast, dass beide Bereiche zu Dir gehören, erreichst Du eine neue Chance vom Leben.

Hier soll der Glaube, sowie Selbstwert in dir vereint werden.

Wenn Du beide dieser Dinge in Dir selber erkannt hast, wirst Du jegliches Interesse daran verlieren besser als die anderen zu sein. Ebenso verlierst Du jegliche Angst. Deine eigene Angele-genheit wird zum wichtigsten für Dich. Du wirst niemanden mehr beeindrucken wollen, nur Dich selbst.

Ab diesem Punkt kannst Du die Nächstenliebe richtig verstehen.

Denn Du kannst jeden so stehen lassen, wie er ist. Du erkennst, dass jeder Mensch andere Ziele hat und niemand die deinigen streitig machen will. Auch brauchst Du keine anderen mehr, die dir Glauben an Dein eigenes Projekt schenken.

Du wirst alle Vorurteile verlieren.

Du wirst die Fehler nicht mehr bei anderen suchen.

Du willst keinen Menschen mehr verändern wollen.

Und hier kann Dein neues Leben ohne Abhängigkeit beginnen.

Lüge und Wahrheit

Mit jeder Lüge belügst Du Dich selbst.

Als ich an diesem Punkt angekommen war, stellte mir das Leben wieder neue tolle Erfahrungen: Ich Merkte, dass es unterschiedliche Menschengruppen gibt. Ebenso bemerkte ich, wie unterschiedlich hier die Zeitzonen verteilt sind. Auch stellte ich relativ schnell fest, dass auch hier unterschiedliche Bereiche in mir vereinigt werden wollen. Es gibt Menschengruppen deren jetziger Moment anders ausschaut, als Momente der anderen.

Es liegt immer im Auge des Betrachters.

Die eine Gruppe möchte sehr viel erreichen oder verändern. Diese Gruppe lebt in einer Zeitzone der Zukunft oder der Vergangenheit. Sie planen das Leben genau. Oft sind diese als Vorstände, Geschäftsführer, Bürgermeister oder in der Führungsebene zu Gange. Sie planen Abläufe in der Zukunft und suchen Fehler in der Vergangenheit. Meistens drehen sich die Gedanken nur um Geld oder Probleme. Selbst in der Freizeit wird das gleiche Thema gewählt.

Die nächste Gruppe ist zufrieden mit dem was kommt. Diese Gruppe lebt absolut den Moment. Die Gedanken kreisen genau um das, was gerade da ist. Sie machen sich keine oder nur wenige Gedanken über die Zukunft. In der Freizeit wird nicht über Arbeit oder belanglose Dinge geredet, sondern vielmehr auf die Schönheiten des Lebens hingewiesen. Diese Menschen leben ohne Probleme und akzeptieren zu jeder Zeit was kommt.

Wieder die nächste Gruppe, stellt alles in Frage. Diese Gruppe hat weder den Drang die Welt zu verändern, noch möchte sie große Dinge erreichen. Das Ziel dieser Menschen ist das Leben verstehen zu lernen. Sie hinterfragen gemachte Erfahrungen oder inspirieren sich für Dinge, die andere wiederum nicht interessieren. Deshalb sind diese Menschen sehr gerne alleine, um ihren Zielen nachgehen zu können.

Und es gibt noch eine weitere Gruppe:

Dies sind Menschen, die sich überhaupt nicht für neue Erfahrungen interessieren. Sie meinen alles besser zu wissen und das Leben zu kennen. Wie festgefahren sitzen diese auf ihren Vorurteilen und bieten dem Leben keine Chance etwas Neues zu bringen. Der Tag sieht von morgens bis abends immer wieder gleich aus.

Hier rede ich vom Alltag der das Leben so sehr einschränkt.

In jeder Musikrichtung sowie unterschiedlichen Vereinen oder Religionen, können sie sowohl Gutes wie auch Schlechtes finden. Leider sind wir Menschen aufgrund der in die Wiege gelegten Software in diesen Bereichen die wir bereits als Kind kennengelernt haben stärker ausgeprägt.

Sie sollten ihre Vorurteile überprüfen um somit dem Leben die Chance geben, Neues noch Unerfahrenes zu entdecken. Denn wenn jeder wie besessen auf seine eigene Weltanschauung besteht wird dieser Machtkampf immer bestehen bleiben. Wenn wir aber stattdessen von jeder Religion das Gute annehmen und das Schlechte weglassen, könnte sich die Menschheit weiterentwickeln.

Der Mythos Lüge

Dies ist ein weiteres tolles Thema um zu lernen.

Warum belügst Du Dich mit jeder Lüge selbst?

Nehmen wir einmal an dein Partner fragt dich: Magst Du Kirsch-kuchen?

Weil er diesen schon gebacken hat und Du ihn nicht enttäu-schen willst, antwortest Du mit: „Ja" und bedankst Dich für sein Geschenk.

In Wirklichkeit magst Du aber keine Kirschen und belügst Dich nun selbst. Dein Partner mag Kirschen, sonst würde er diesen Kuchen nicht backen. Somit sagst Du mit dieser einen Lüge: „Ja mein Schatz ich mag diesen Kuchen." Dein Partner wird Dich von nun an immer mehr mit Kirschen beschenken weil er davon ausgeht Du magst diese genauso gerne wie er.

Und hier holt dich diese kleine Lüge so lange ein, bis du ihm reinen Wein einschenkst.

Hättest Du an dieser Stelle nicht gelogen wüsste Dein Partner nun, das Du keine Kirschen magst und könnte Dir stattdessen eine Torte backen die Dir schmeckt. In jeder Lüge steckt eine Wahrheit und diese wird früher oder später ans Licht kommen. Während Dein Partner nun genüsslich diesen Kuchen verspeist, denkst Du permanent nur daran wie bringe ich diesen Kuchen entsorgt. Du bist zwar kurzfristig mit dem einem Satz echt gut davon gekommen, oder hast Dich aus dieser unangenehmen Situation befreit, aber der Nachgeschmack dieser Lüge bleibt Dir viele Minuten länger.

Somit beweise ich Dir mit diesem Beispiel, dass Du immer nur Dich selbst belügst. Ganz egal in welchem Bereich in Deinem Leben, sobald Du gegen Deine eigene Wahrheit verstößt wirst Du aus jeder Lüge genau alles um ein vielfaches mehr zurück zu bekommen. Sobald Du Dinge erfindest um Dich interessanter zu machen, erwartet Dein Gegenüber genau dieses Bild von Dir. Du wirst Dich jedes mal selbst belügen, wenn Du nicht zu Dir Selbst 100% stehst.

Aber ich möchte noch kurz auf den Klassiker aller Lügengeschichten eingehen.

Nehmen wir mal wieder das Thema Partnerschaft. Es trifft eine Situation ein, in der ein Teil verletzt wird. Daraufhin geht der eine zum anderen und fragt: „Schatz was ist denn los du schaust so traurig aus?" daraufhin der andere: „Es ist alles Okay." In Wirklichkeit denkt sich dieser aber: „Warum tut er mir das an?" Logischerweise denkt der andere nicht weiter darüber nach, denn es ist ja schließlich auch alles okay. Die gleiche Situation trifft nun immer wieder erneut ein. Ein Teil ist dabei glücklich, wogegen der andere trauert. Oft hört man dann aus einer dritten Perspektive, warum tut er mir das an, oder er liebt mich doch gar nicht. Oft führen genau solche Missverständnisse erst zur Enttäuschung und danach folgt die Trennung.

Hätte der Partner damals nicht gelogen und über die Situation geredet, wäre ihm diese Trauer nur einmal begegnet. Wenn Du denkst, Dein Partner fühlt oder empfindet gleich wie Du, ist das die nächste Lüge, an die Du glaubst.

Jeder Mensch sieht das Leben aus einer anderen Perspektive und genau diese entsteht durch gemachte Erfahrungen und der

Erziehung. Durch diese Glaubensmuster sieht jeder Mensch seine eigene Wahrheit. Wenn Dich Dein Partner also wirklich liebt, kannst Du ihm alles erzählen und dieser wird Rücksicht auf Dich nehmen. Sollte dies nicht der Fall sein, kann Dich Dein Partner gar nicht lieben und das Beste was Dir passieren kann, ist diese Beziehung schnellstmöglich zu beenden, denn das Leben ist viel zu kurz um Partner an der Seite zu haben, die Dich nicht schätzen, oder als selbstverständlich bezeichnen. Ich kann es nur noch einmal erwähnen.

Mit jeder Lüge, belügst du dich und deine eigene Wahrheit.

Nun habe ich eine weitere sehr tolle Entdeckung gemacht, wovon ich erzählen will. Ich habe mich mit der Körpersprache beschäftigt. Die Körpersprache zeigt immer ganz deutlich die Wahrheit. Wenn ich Leute frage: „Sag mal wie geht es dir?" antworten die meisten: „Es geht mir gut, ich habe dies und das erreicht", wogegen der Körper eindeutig zeigt, dies sagt der Gegenüber nur, um Anerkennung zu ernten. Meistens können sie mir dabei nicht mal in die Augen schauen, wenn doch, schauen sie weg, sobald ich den Blick erwidere. Was aber noch ein viel besseres Zeichen für eine Lüge ist, wenn diese Sätze mit der Stimme so richtig lustlos erzählt werden. Mittlerweile mache ich mir einen Spaß daraus und erinnere die Leute an diese Lüge mit den Worten: „Dies klingt aber nicht glaubhaft, so lustlos wie du erzählst". Daraufhin folgen meisten sofort die nächsten Lügen wie: „Heute war ein langer Tag" oder „Ich bin kaputt".

Wenn ich aber die gleichen Leute im nächsten Moment auf Ihre Hobbys anspreche strahlen sie mich an und erklären alles haargenau. Dabei haben sie aber ein lachendes Gesicht und erzählen mit ganzem Körpereinsatz. Ich muss meistens an diesem Punkt schmunzeln, denn fast alle tun dies nur um eines zu erreichen:

Sie wollen sich besser machen, als sie wirklich sind.

Sie stehen absolut nicht zu sich selbst und haben keinen Selbstwert.

Hätten sie diesen, wären sie stolz auf sich und müssten keine Geschichten erfinden oder Lügen.

Und auch hier, gibt es dieses eine Gebot von Gott:

Du sollst nicht Lügen.

Aber erst, wenn Du bedingungslos zu Dir und Deinen Macken stehen kannst und auch darüber sprichst, hörst Du auf zu lügen. Erst wenn Du aufhörst Dich selbst zu belügen, lebst Du in Deiner Wahrheit und kannst Dich immer wieder neu ausrichten.

Aber kann man einem Lügner wirklich verübeln das zu tun, was er einst durch Erfahrungen, Sitten oder Gebräuche gelernt hat und somit als eigene Wahrheit versteht?

Der eine übertreibt es gerne mal, wogegen der andere seine Wahrheit als unwichtig betrachtet und sich selbst belügt. Man kann dies aber auch nicht auf die Eltern schieben, denn diese haben ihr Wissen, auch einst von ihren Eltern und den gemachten Erfahrungen erhalten. Wir wissen alle, dass wir unser Bestes für die Kinder tun.

Jeder denkt in seinen Glaubensmustern alles richtig zu machen, aber in Wirklichkeit, lebt jeder von uns, in einer anderen Realität.

Realität und Zufall

Man kann ein Leben dem Zufall überlassen und wird dadurch immer wieder verletzt, oder man lernt zu verstehen, WARUM das alles passiert.

Unterschiedliche Muster:

Anhand meiner Beobachtungen, sind mir mehrere unterschiedliche, aber doch immer wieder gleiche Verhaltensweisen der Menschen aufgefallen.

Du kannst Dich mit einer der Situationen

identifizieren?

Dann versuche zu verstehen, warum Dein Denken immer wieder, das gleiche Leiden aufzeigt. Hier gilt es nur zu verstehen, was in Deinem Denken nicht der Wahrheit entspricht.

Leiden ist nur ein Glaubensmuster, das nicht der Realität entspricht.

Ein Kind, das immer alles bekommen hat sobald es schreit, denkt automatisch, es muss nicht viel tun um eigene Ziele zu erreichen. Wenn die Eltern versäumen dem Kind beizubringen, dass es für jedes seiner Ziele selber kämpfen muss, wird dieses Kind später Probleme haben, dauerhafte Freundschaften zu pflegen und wird in den meisten Fällen auch von den Partnern verlassen sobald diese bemerken, dass sich alles um sie dreht und es sich bestätigt, dass sie ausgenommen werden. Diese Kinder sind selbstverliebt und nicht in der Lage jemanden anderen zu lieben. Denn dafür müssten sie verzichten, was sie niemals gelernt haben. Diese Kinder lernen, dass es richtig ist zu sagen, was es haben will und dass Ziele ohne eigenes Zutun von selbst zu ihnen kommen. Sie werden als Täter geschaffen, denn sie brauchen andere, um ihre eigenen Ziele zu realisieren und werden sehr wahrscheinlich immer aufgeben, sobald es schwer wird oder die Realität etwas anderes zeigt.

Bemerken später Partner, Freunde, welches Spiel gespielt wird und stellen ihre Leistungen ein, wird ein solch erzogenes Kind, sobald es die Realität einholt, davonlaufen und Halt bei neuen Menschen oder den Eltern suchen, die ihm schon immer das gegeben haben, was es sich gewünscht hat. Diese Kinder denken, dass sie alles richtig machen und verstehen die Welt nicht mehr sobald eine Enttäuschung naht.

Da dieses Kind denkt, alles nachgetragen und erfüllt zu bekommen, wird dieses ein Umfeld im Außen benötigen dessen Denken anders herum funktioniert.

Ein Kind, das nicht dieselbe Liebe oder Anerkennung der Eltern bekommen hat oder diese nur durch TUN erreichen konnte, denkt automatisch weniger Wert zu sein. Dieses Kind bekommt Anweisungen, was es zu tun hat.

Genau jenes Kind hat später als Erwachsener sein ganzes Leben Probleme, wenn dieses nicht erkannt wird, denn hier wird das Opfer erschaffen. Dieses Kind lernt zuzuhören und denkt, es ist richtig die Wünsche anderer zu erfüllen, was aber zur Folge hat, dass sich dieses an den anderen orientiert mit dem einzigen

Ziel der Anerkennung. Sie werden die eigenen Wünsche verdrängen, weil sie denken es ist nicht wichtig diese zu erreichen. Diese Kinder stellen relativ früh fest, dass die eigenen Wünsche nicht wichtig sind und lieben den Partner mehr als sich selbst. Sie denken, es ist richtig immer auf alles zu verzichten, oder vielmehr, dass das Leben sehr schwer ist.

In Beziehungen oder Geschäftsverhältnissen werden diese ausgenommen und ausgenutzt. Erlischt aber der Glaube an Freunde, Partner oder Vorgesetzte befreit es sich aus dieser Situation. Meistens bedingt durch Krankheiten merkt das Kind sobald es die Leistung nicht mehr bringen kann, dass sich sein Gegenüber zurückzieht oder nur geringe Leistungen kommen.

Da dieses Kind denkt, dass es fast unmöglich ist die eigenen Ziele zu erreichen, wird dieses im Außen Freunde Partner oder Arbeit benötigen, die das Bild des schweren Lebens bestätigen und immer neue Ziele parat haben.

Ein Kind das nie um Geld kämpfen musste, wird sich niemals Gedanken darüber machen wo dieses herkommt, denn es war einfach dieses zu bekommen. Somit wird es immer Leute benötigen, die das Gegenteil erfahren haben und viel zu viel abgeben.

Dieses Kind wird irgendwann sehr schmerzhaft lernen müssen, wie schwer es ist, selber und ohne den Nutzen anderer Geld zu verdienen.

Ein Kind, das gelernt hat durch Aggressionen oder Schreien Ziele zu erreichen, wird immer Leute benötigen die sich anschreien lassen.

Dies wird so lange funktionieren, bis es schmerzhaft feststellen muss, dass sich früher oder später immer alle abwenden.

Ein Kind, das immer bemuttert wurde, wird niemals Leuten hinterher telefonieren. Dieses ist gewohnt immer angerufen zu werden, was es aber meist nicht lernt, dass auch das gegenüber irgendwann bemerkt, dass dies eine Einbahnstraße ist und seine Dienste einstellt.

Dieses Kind wird ebenfalls immer wieder verlassen.

Ein Kind das oft geschlagen wurde denkt automatisch, es ist richtig und wird früher oder später ebenfalls Gewalt in Eigener Familie anwenden. Dieses wird in der heutigen Zeit mit Polizei und Gericht schmerzhaft feststellen müssen, was es anderen angetan hat.

Ein Kind das von Mama alles gemacht bekommen hat, denkt automatisch, dies ist so richtig und wird später Partner brauchen, die sie ebenfalls bemuttern und alles abnehmen.

Das Leben ist ganz Logisch.

Ich hoffe, dass ich anhand der ganzen Beispielen erklären konnte, dass Du immer ein Gegenstück brauchst, das nicht Du selbst bist. Ebenso konnte ich Dir beweisen, dass das Denken der Menschen völlig unterschiedlich ist. Wenn Du also noch immer glaubst, dass Dein Partner genau das gleiche empfindet fühlt oder denkt dann empfehle ich Dir mit ihm darüber zu sprechen. Relativ schnell wirst Du bei absoluter Ehrlichkeit bemerken, dass dies in den meisten Fällen dem Gegenteil von Deinem Denken entspricht.

Jeder Mensch lebt in der eigenen Realität oder Wahrheit, von der er ausgeht, dass die restliche Menschheit genauso denkt.

Und genau das ist der Irrglauben dem wir verfallen.

Würde Dein Partner von Deinen Erfahrungen oder Denken wissen, könntest Du davon ausgehen, dass sich dieser anders verhalten würde. Denn eines will mit Sicherheit niemand erreichen.

Den Partner verschuldet unglücklich machen.

Kein Mensch tut so etwas absichtlich.

Aber wenn nicht darüber gesprochen wird, wird immer wieder etwas kaputt gehen müssen um irgendwann doch noch am Ziel anzukommen. Genau dieses Denken zu aktivieren.

Wieder konnte ich beweisen, dass dein Leben kein Zufall ist.

Ebenso konnte ich erklären, warum man eigentlich dem Gegenüber nicht böse sein kann.

Hier brauchen wir keinen Schuldigen suchen.

Hier geht es nur in eine Richtung weiter, nämlich das eigene

Denken zu erweitern und den Menschen Gegenüber verstehen zu lernen.

Hier noch ein weiteres Beispiel bezüglich der Logik des Menschen: Wir versuchen unseren Kindern das Sprechen beizubringen. Hier gibt es zwei unterschiedliche Vorgehensweisen.

Die einen versuchen alles, um dem Kind die richtigen Vokabeln beizubringen und die anderen, die gar nichts versuchen, erziehen ein Kind, das von selbst und mit Leichtigkeit sprechen lernt.

Warum ist das so?

Eine Seite redet mit dem Kind, als wäre es schon ein vollwertiges Mitglied der Gesellschaft. Ohne die Worte zu verbiegen oder sich daran zu erfreuen, wenn das Kind einen Namen falsch ausspricht. Hier wird mit dem Kind gesprochen als wäre es erwachsen und dieses lernt automatisch auf schnellstem Weg das sprechen.

Während andere das Kind anstrahlen wenn Dinge falsch gesprochen werden. Hier denkt aber das Kind, es macht alles richtig und wird diese falsch gelernten Vokabeln nicht oder sehr spät erneut lernen. Dieses Kind lernt genauso schnell wie das obige, nur es bekommt die Vokabeln falsch beigebracht. Hier behindern die Eltern die Entwicklung des eigenen Kindes.

Ein Kind lernt durch abschauen der Eltern.

Dieses funktioniert ohne das Zutun der Eltern.

Es schaut wie wir uns verständigen oder kopiert uns beim Gehen. Alles kommt ganz von selbst. Man darf nur nicht versuchen
selbst erziehen zu wollen. Einem Kind sollten Grenzen gezeigt
werden, wie man es jedem anderen Mitmenschen zeigen würde.
Denn nur so findet sich ein Kind in der späteren Welt zurecht.

Jedes Handeln bringt eine Wirkung und wenn Geben und Nehmen nicht im Gleichgewicht erzogen werden entsteht immer eine
Wahrheit des Kindes abseits der Realität. Ganz gleich ob Täter
oder Opfer. Beide Seiten sind mit diesem Zustand unglücklich
und handeln aus innerem Mangel. Alle suchen das gleiche.

Nach der Wahrheit.

Ab diesem Zustand erkennt jeder, dass man alle Ziele selbst
erreichen kann und will dem anderen nichts mehr wegnehmen.

Wahrheit oder Illusion

Viele Wahrheiten entsprechen den eigenen Glaubenssätzen, aber nicht der Realität.

Welche Folgen Erziehung auf das spätere Geschäftsleben haben möchte ich im nächsten Kapitel erklären:

Ein erfolgreiches Geschäft kann nur entstehen, wenn ein geschäftsführender Täter einem Opfer begegnet, dessen Selbstwert am Boden ist. Denn dieser macht zu geringe Preise, aufgrund seines inneren Mangels. Hier lässt sich das Opfer aufgrund der fehlerhaften Software ausnehmen, wogegen der Geschäftsführer noch immer, ein zu leichtes Leben führt und seine Mitmenschen damit ausnimmt.

Ein geschäftsführendes Opfer schadet seinem Unternehmen aufgrund der Schwäche bezüglich des Selbstwertes. Zuerst macht er es den Mitbewerbern sehr schwer, durch die viel zu geringen Preise. Des weiterem kann er seine Arbeitnehmer nur geringfügig bezahlen und nimmt diese somit auch noch aus. Nun haben wir genau die beiden Charaktereigenschaften geschaffen die das ganze System noch weiter ausbeuten und irgendwann zum Stillstand bringen. Der eine viel zu überteuert durch sein übermäßig starkes und überzeugendes Selbstwertgefühl der dadurch ein zu leichtes Leben führt und andere damit ausbeutet.

Und der Andere dessen Preise aufgrund des inneren Mangels viel zu günstig sind, der dadurch ein viel zu schweres Leben führt.

Beide Charaktereigenschaften zusammen bilden das heutige Bild zwischen Reichtum und Armut. Dies ist der Ursprung, warum dieses Leben entsteht.

Beide Teile haben zusammen den Mittelstand abgeschafft.

Würden Selbstwert und Arbeit im Gleichgewicht stehen könnte das System wieder ins Gleichgewicht gebracht werden.

Die Täter müssten sich den Preisen anpassen oder würden das Unternehmen verlieren. Die Opfer würden das gleiche Geld verdienen und könnten ein deutlich leichteres Unternehmen leiten. Dies könnte wirklich einfach sein, aber das Denken der Menschen stammt eben noch immer von den Affen ab. Zuerst wird gehandelt und erst wenn Mensch merkt es geht nicht mehr weiter wird nach einer Lösung gesucht anstatt endlich mal den Kopf schon vorab einzuschalten.

Ich möchte erklären was passiert, wenn die Menschheit nicht endlich aufwacht. Die Täter werden alle Opfer zerstören und dadurch nur noch Täter erschaffen.

Sobald dieser Punkt erreicht ist, werden sich nur noch Täter gegenüberstehen und sich selbst vernichten. Es wird kein Miteinander mehr geben. Jeder versucht dem anderen alles weg zu nehmen. Die Preise werden immer mehr steigen und keiner kann sich das Produkt mehr leisten was zur Folge haben wird, das eine Firma nach der anderen bankrott geht.

Dies wird so lange geschehen, bis das System wieder ins Gleichgewicht kommt.

Ich gehe sogar soweit zu sagen, dass dies der nächste Krieg der menschlichen Entwicklung werden wird. Aber auch dieses Wissen habe ich nicht Anhand von Theorien erstellt, wie folgende Firmengeschichte erzählen wird:

Es war ein Gründer eines Unternehmens, der nach dem Krieg beim Wiederaufbau ein faires Unternehmen auf die Beine gestellt hat. Aus dem Nichts mit vollem Herzblut, erschuf er sein erfolgreiches Unternehmen. Sein Leben bestand darin den anderen zu helfen und zusätzlich seine Firma durch Gebäude und Maschinen zu bereichern. Diese Firma entwickelte sich sehr schnell, da er verstanden hatte Preis und Nachfrage in ein faires Angebot zu verwandeln. Dieser hatte drei Töchter, die schon vor seinem Ableben an diesem Unternehmen beteiligt sein sollten. Während er damit beschäftigt war, sein Unternehmen aus dem Nichts zu gründen, nahm die Erziehung der Töchter ihren Lauf.

Zwei davon, haben durch Ihre direkte Wortwahl immer alles auf einfachste Weise bekommen, während die Dritte um das Wort kämpfen musste. Somit wurden zwei Täter und ein Opfer erschaffen. Eine der Töchter brach aus, wollte mit der Firma nichts zu tun haben. Während die anderen beiden ins Geschäft mit eingebunden wurden. Die direkte bekam immer alles aus Leichtigkeit, während die andere, die immer um Anerkennung kämpfte, das schwerere Los zog. Diese wurde nicht gefördert, was Schulungen anging und wurde ebenfalls nicht ins Rechnungswesen oder die Buchhaltung eingebunden.

Nur weil sie damals nicht gelernt hat, genau wie ihre Schwestern direkt und hartnäckig zu bleiben, wurde sie auch beruflich als Opfer abgestellt.

Die Direkte der beiden, nahm sich einen Mann, der aus sehr schwachen Familienverhältnissen, aus dem Ausland kam. Er sprach sehr schlecht die Landessprache, aber wurde nach der Krankheit des Gründers als vorübergehender Geschäftsführer eingesetzt. Nun führten zwei Täter, die noch nie zuvor für etwas kämpften, eine Firma an, währenddessen die andere, die immer schon mehr getan hat, als billige Bürokraft für Post, am Schreibtisch abgefertigt wurde. Von nun an ging es nur noch darum, die Angestellten sowie Kundschaft auszubeuten. Die Arbeiter bekamen viel zu wenig Geld und mussten Überstunden ohne Ende machen, wogegen die Kunden einen viel zu hohen Preis für die erbrachten Leistungen bringen mussten.

Denn immerhin musste die Firma nun drei Töchter, den eingewanderten Mann und den Gründer finanzieren. Die beiden bekamen einen Sohn und eine Tochter. Der Sohn wurde durch ständiges Anschreien und Schläge zum neuen Geschäftsführer erzogen. Sie haben allerdings eines falsch gemacht, denn der Sohn musste niemals um Geld kämpfen und hatte finanziell keine Sorgen. Somit hat er bis heute, keinen Bezug zu diesem. Er wurde als Geschäftsführer eingesetzt. Von nun ab musste die Firma den Gründer die drei Töchter sowie den Ehemann und dessen 2 Kinder mitfinanzieren.

Ausgestattet mit der Software der Eltern und schon zeigte das Schicksal seine Wirkung.

Aus zwei gescheiterten Ehen mit jeweils einem Kind die immer durch körperliche Gewalt oder Drohungen kaputt gegangen sind hatte die Firma noch einmal zwei Exfrauen und zwei Kinder die mitgetragen werden mussten. Da er zusätzlich noch den Konsum des materiellen Wohlstandes anerzogen bekam, brauchte er immer die größten Autos und auch sonstige kostspieligen Konsumgüter. Relativ schnell mussten nun Kosten eingespart werden. Zuerst musste der Gründer (Opa) auf den Firmenwagen, sowie Tankkarte verzichten. Einst der Mann, der dieses Unternehmen aufgebaut hatte.

Durch unwissende Erziehung erschuf er Menschen (Kinder) die ihm sein Lebenswerk nicht nur kaputt gemacht haben, sondern ihm in seinen letzten Jahren alles nahmen was er sich aufgebaut hatte. Hätte er sein Unternehmen an jemanden verkauft der dieses zu schätzen weiß und weiterbringen will, hätte er seine letzten Jahre nicht in Armut verbringen müssen, sondern hätte seinen Verdienst genießen können.

Heute kämpft dieses Unternehmen ums überleben. Die Autos vor dem Büro sind die neusten, wogegen der Fuhrpark der jeden Monat das Geld verdient veraltet und defekt ist. Ebenso sind die Maschinen defekt und das Dach muss saniert werden. Die treusten Mitarbeiter haben den Betrieb verlassen und mittlerweile arbeiten Leute in dieser Firma die auch nur das Geld vor den Augen haben und keinen Handschlag zu viel tun.

Da die Firma viel zu hohe Kosten aufweist können sie dem Markt kein passendes Angebot unterbreiten, was wiederum bedeutet, dass die Aufträge fehlen. Die Kosten sind ins Unermessliche gestiegen da zu viel aus dieser Firma entwendet wurde.

Nun wird sich dieses System selbst zerstören.

Es ist kein Geld mehr da um Fuhrpark Gebäude und Maschinen auf neusten Stand zu bringen, sowie die Unkosten an den Beteiligten zu decken.

Das Leben ist die Wahrheit und die Wahrheit ist Gott.

Früher oder später kommt die Realität immer an die Oberfläche.

Wie Du sehen kannst, ist das Leben rückwärts betrachtet kein Zufall. Man muss sich dieses nur bewusst machen und man weiß was kommen wird. Das Schlimme daran ist, dass diese Leute aufgrund der Erziehung denken, alles richtig zu machen.

Verzweifelt versuchen sie das sinkende Schiff zu retten, aber so lange sie nicht begreifen, dass der Fehler an ihnen liegt, ist dieses Schicksal nicht aufzuhalten.

Deshalb ist der Spruch von Gott auch passend.

Urteilt nicht, denn sie wissen nicht was sie tun.

Außen und Innen

Der Mensch sieht durch seine Augen die Welt spiegelverkehrt. Er sieht alles was andere sind, aber nicht das, was er selber auf andere ausstrahlt.

Länder, Geld und parallele Muster:

Welche Auswirkungen unsere Erziehung auf die verschiedenen Länder hat, möchte ich in folgenden Zeilen unterstreichen. Auch hier spielen uns die beiden Charaktereigenschaften zwischen Täter und Opfer einen Streich.

Im Außen urteilen wir immer über Fremde und deren Probleme. Wir opfern uns in fremden Ländern auf, unterstützen so gut wie jedes Problem und verschenken somit unsere eigenen Gelder. Das schlimmere Übel daran ist aber, dass wir zu viel Verantwortung für fremde Länder übernehmen und somit fremde Länder, unterschiedliche Erfahrungen gar nicht machen können.

Was passiert denn genau?

Wieder ein Beispiel:

Im Außen suchen wir uns fremde Probleme weil wir davon ausgehen keine eigenen zu haben. Vereinzelte Länder bekommen immer wieder fremde Gelder. Durch das Täter-Prinzip verstehen sich einzelne Länder mit Leichtigkeit durchzumogeln.

Solange diese Länder immer wieder Gelder von Fremden bekommen, werden diese niemals in Frage stellen überhaupt etwas falsch zu machen. Wehrendessen passiert aber im eigenen

Land folgendes. Die normalen Bürger müssen Geld für fremde Länder beschaffen, was wiederum bedeutet, die eigenen Landsleute müssen auf Geld verzichten weil wir es anderen verschenken. Je mehr Probleme von Außen zu uns stoßen umso mehr Steuern müssen erhoben werden, um die fremden Probleme mitfinanzieren zu können. Dies beutet, dass das eigene Land, die normalen Menschen, immer mehr ausbeuten muss. Ebenso werden immer mehr Täter erschaffen, was anhand der Streiks eindeutig bewiesen ist. Auch gönnt mittlerweile keiner mehr dem anderen etwas und versucht, das was der andere hat, wegzunehmen.

Dies alles funktioniert anhand des Vergleiches, dass im Außen immer das Gegenteil angezogen wird.

Während sich im Inneren des Landes immer mehr Unruhe breit macht schauen die Menschen nur nach außen und suchen fremde Probleme. Wenn dieses nicht endlich erkannt wird folgt ein neues Massenbewusstsein der Menschen.

Keiner ist sich bewusst was er anrichtet, indem er zu viel Verantwortung für andere übernimmt.

Wenn wir nicht begreifen, dass die eigenen Gelder für die eigenen Probleme da sind, werden zum Ersten immer mehr Steuern notwendig sein und zum Zweiten werden immer mehr Probleme da sein die Hilfe dankend annehmen, denn schließlich verschenken es manche. Solange einzelne Länder nicht für die eigen gemachten Taten Verantwortung übernehmen müssen werden sich diese Länder nicht weiterentwickeln können da es immer wieder bewiesen bekommt, es geht auch ohne Veränderung.

Wogegen das Leben der Eigenen immer schwerer wird und somit im eigenen Land immer mehr Täter erschaffen werden.

Aber auch hier können wir niemanden zur Verantwortung ziehen denn alle handeln aus der eigenen Wahrheit. Erst wenn jeder für sein Handeln Verantwortung übernehmen muss wird sich die Erde weiterentwickeln denn würden wir von den anderen Ländern die Art zu leben oder die Freizeit zu gestalten annehmen, könnte sich dieses Wissen in den eigenen Reihen vereinigen und es würde endlich wieder ein Miteinander mit sich bringen. Warum soll ein Land nach Fehlern suchen, solange immer wieder andere für diese Fehler geradestehen?

Dies macht kein Mensch der Welt.

Würden wir ihnen unser Wissen vermitteln, bezüglich des Geldes oder der Wirtschaft, könnten andere lernen selber Verantwortung für ihr Handeln zu übernehmen. Aber solange immer irgendwo Geld herkommt, verstehen diese, dies nicht als Fehler und finden auch keine Lösung dafür. Wenn der Mangel dieser Länder Geld ist, darf man nicht weiteres Geld zur Verfügung stellen denn so hält man den Mangel aufrecht. Man müsste diesen Ländern den Ursprung ihres Mangels erklären und hier muss man das Wirtschaftssystem erklären, denn sonst wird ihnen immer wieder das Geld ausgehen.

Anhand dieser Zeilen konnte ich Dir beweisen, dass Mangel und Ursprung des Problems unterschiedlich sind und vieles falsch verstanden wird.

In welchem Bereich steckst Du?

Ich habe verschiedene Verhaltensweisen der Menschen zuerst beobachtet und danach zusammengefasst. Hier hast Du die Möglichkeit herauszufinden in welchem Bereich Du Dich gerade befindest.

Täter:

Dein Leben erfüllt sich allein durch Sprechen
und mit Leichtigkeit.

Dein Leben dreht sich nur um deine Ziele.
Du gibst meistens nur das Minimum.

Du wartest darauf angerufen zu werden.
Du willst immer gefragt werden.
Du gibst den Ton an.

Du nimmst wenig Rücksicht auf die Mitmenschen.
Du bestehst immer auf deine eigene Wahrheit.
Du brauchst ständig neue Freunde.
Du wirst verlassen.

Du wendest dich von Menschen ab, die dich tadeln.

Findest Du Dich in den obigen Sätzen wieder, kannst Du davon ausgehen, ein zu einfaches Leben zu führen. Versuche Deine Ziele selbst zu realisieren und glaube an Dich.

Opfer:

Dein Ziel ist allein die Anerkennung.

Du opferst dich für fremde Ziele auf.

Du hast selber deine Ziele vergessen oder als nicht erreichbar abgestellt.

Du wirst immer wieder von Leuten ausgebeutet.

Du rufst ständig bei anderen an oder suchst Kontakt.

Du kannst nur zuhören und redest nur wenn nötig.

Wenn du Ziele erreichst musst du schwer kämpfen.

Du fühlst dich unsicher in Verhandlungen.

Du lässt andere den Ton angeben.

Du erfüllst lieber fremde Ziele als eigene.

Du hast selber keine Ziele weil diese verdrängt sind.

Du gibst dich mit dem Zustand zufrieden.

Findest Du Dich in diesem Bereich wieder kannst Du davon ausgehen, ein viel zu schweres Leben zu führen. Du machst alles nur aus einem Grund um anerkannt zu werden. Stehe zu Dir und Deinen Wünschen. Dein Herz wird Dir die Richtung zeigen sobald Du bereit bist die Stimme Deines Herzens wieder zu hören. Finde Deinen Selbstwert und stehe bedingungslos hinter Dir. Finde den Glauben an Dich wieder.

Beide Charaktereigenschaften entwickelt:

Wenn Du beide Charaktereigenschaften in Dir entdeckt hast und Dich auf der einen Seite aufopfern und auf der Gegenseite annehmen kannst, hast Du sehr viel vom Leben gelernt.

Ebenso merkst Du immer wieder, sobald Dir neue Konflikte im Leben begegnen das hier eine Realität nicht der Wahrheit entspricht. Du wirst Dich ständig neu orientieren und nur noch an der Wahrheit interessiert sein. Du wirst erforschen und ein Leben kennenlernen von dem du zuvor nur geträumt hast.

Du wirst keinen Menschen mehr aus Mangel anziehen um vollständig zu sein. Du kannst Dein Gegenüber so lassen wie er ist. Selbst wenn er seine Wahrheit nicht überdenken will. Du wirst nichts mehr bei Dir haben wollen was dir schadet. Du wirst Begegnungen viel mehr schätzen. Du wirst Dich nie wieder verbiegen. Du wirst Dich selbst als das Wichtigste in deinem Leben bezeichnen.

Du lernst das Leben aus einer anderen Sicht zu sehen.

Du wirst jeden Tag neue Dinge finden, die dich ständig weiterwachsen lassen

Kinder und Eltern

In unserer Kindheit finden wir den Schlüssel zu der eigenen Wahrheit.

Erziehung:

Wie wir nun im ganzen Buch immer wieder verfolgen konnten sind Kinder eine einzigartige Kopie unseres Verhaltens kombiniert mit unseren eigenen Macken. Wenn wir versuchen durch Erklären oder andere Dinge dem Kind zu zeigen was richtig oder falsch ist übernehmen wir zu viel Verantwortung für dieses. Vielmehr erreichen die Eltern durch versuchte Erziehung eine Verschiebung der Realität. Durch Schutz der Eltern entwickelt jedes Kind eine Illusion die irgendwann im späteren Leben mit der Realität konfrontiert wird. Ein Kind lernt durch die Eltern ein Leben kennen, das es für richtig erklärt und dieses Denken verteidigt wie ein Hund der sein Herrchen blind verteidigt sobald ein Angriff stattfindet.

Jedes Kind muss die eigenen Erfahrungen sammeln und dabei ständig mit der Realität konfrontiert werden da sonst immer ein Irrglauben als Software aufgespielt wird.

Wenn ein Kind immer alles bekommt was es will, wird sich dieses später als Sorgenkind oder schwererziehbar aufzeigen. Sobald die Eltern nicht mehr alles für das Kind tun kann dieses mit seiner eigenen Wahrheit nicht mehr umgehen und versucht durch Streiterei oder Gewalt diese Dinge zu erreichen. Das Denken dieses Systems wurde von Geburt anerzogen und von einem auf den anderen Tag soll das Kind auf einmal alles selbst erreichen.

Auf dieses Leben wurde das Kind aber nicht vorbereitet und die Software nicht installiert.

Somit wird sich das System selbst verteidigen, denn immerhin haben die Eltern Jahre zuvor sehr viel Zeit damit verbracht das Kind zu verziehen. Wenn man wirklich das Beste für sein Kind will, erzieht man jedes mit der gleichen Liebe und Anerkennung. Ebenfalls lehrt man, dass es ein eigenständiges Wesen ist und das eigene Denken auf Erfahrungen beruht. Man lässt es die Erfahrungen sammeln und hilft ihm im Falle einer Enttäuschung diese zu verstehen. Im besten Fall erzieht man sein Kind genauso als wäre es ein fremder Mensch, der durch sein Handeln immer Bekanntschaft mit der Wahrheit macht.

Man konfrontiert es mit der Wahrheit des Lebens und ebenso mit der Realität, die es auch von Fremden erfahren würde, denn durch bemuttern oder in Schutz nehmen lernt das Kind die wichtigsten Dinge nicht. Meistens ist es dann die Pubertät in denen Eltern so sehr unter der beigebrachten Software leiden. Sie schieben es dann auf die Kinder, aber das einzige was in dieser Zeit geschieht, dass die Kinder ab dieser Zeit von anderen Sitten und Gebräuche erlernen. Wenn aber zwei Kinder immer alles bekommen haben und miteinander konfrontiert werden, zeigt ihnen die Realität, dass etwas nicht stimmt.

Bis vor kurzem hat diese Software immer fehlerfrei funktioniert, aber das Leben mit anderen zeigt auf einmal, dass dies nicht zusammen passt.

Ab jetzt werden die Beziehungen zwischen Opfer und Täter verteilt. Ein Kind das immer alles bekommen hat, sucht sich nun Freunde oder Partner, die das Gegenteil von ihnen sind, weil sie dieses nicht kennengelernt haben. Ein Kind das immer um Liebe und Anerkennung kämpfen musste, hat nicht gelernt eigene Ziele zu entwickeln. Das Ziel bestand darin Anerkennung zu bekommen. Dieses Kind braucht nun Freunde, oder Partner für die es sich aufopfern kann.

In beiden Bereichen benötigt die Software des

Kindes die Gegenseite die es in sich selbst nicht entwickelt hat.

Und genau hier entsteht das Drama der Abhängigkeit die eine frühere Generation nicht kennengelernt hat. Beide Kinder brauchen das Gegenteil, dass die anerzogene Software fehlerfrei funktionieren kann, denn kein Teil der beiden stellt die Erziehung der Eltern in Frage. Wären Eltern in der Lage das Kind von Anfang an richtig und ohne Vorurteile zu erziehen, würden Kinder von Anfang an beide dieser Seiten kennenlernen. Im späteren Leben würden weniger Scheidungen stattfinden denn dies passiert nur aus einem Grund. Weil die Beteiligten bemerken, dass etwas nicht stimmt und beginnen das Leben und die Erziehung zu hinterfragen.

Wenn ein Kind aber beide Seiten anerzogen bekommen hat, wird sich dieses nie aus Mangel an einer fehlerhaften Software, Partner oder Freunde suchen, die ihn oder sie verstehen, denn die meisten Eltern verstehen die Wahl des Partners ihrer eigenen Kinder nicht.

Viele Eltern Fragen sich auch tatsächlich warum ist mein Kind homosexuell? Meinen sie das ist auch ein Zufall?

Wenn ein Kind ausschließlich von der Mutter erzogen wird, während sich der Vater mit Arbeit beschäftigt nimmt das Kind automatisch alle Sitten und Gebräuche der Mutter an. Im späteren Alter fühlt sich dieses Kind dann im falschen Körper. Die einen stehen dazu und in den anderen schlummert der Traum. Aber auch hier ist es der Ursprung oder die Software die das Kind als Realität des Lebens anerzogen bekommen hat. Im Kind können sich die Elternteile selber finden.

Alle Macken oder Schwierigkeiten die mit dem Kind zu tun haben, entstehen aufgrund einer falsch Installierten Software.

Leider schieben es die meisten Eltern auf die Kinder.

Ein Kind ist absolut das was die Eltern ihnen als Realität beibringen. Ein Kind bekommt die Macken von den Eltern anerzogen und ist eine Kopie der Elternteile. Sobald in der Pubertät die Eltern mit den eigenen Macken konfrontiert werden, verstehen sich Eltern oder Kinder nicht mehr miteinander, weil keines der Betriebssysteme auf Fehlersuche geht und den Virus entfernt. Deshalb heißt es auch immer wieder, ein Plus-Pol braucht einen Minus-Pol.

Deshalb bitte ich Dich aufrichtig Deine eigene Wahrheit in Frage zu stellen, denn immer wenn Tiefschläge im Leben warten läuft eine Software fehlerhaft.

Das Innere Kind

Das innere Kind weist uns immer auf Dinge hin, die im eigenen DENKEN überdacht werden sollten.

Jeder Mensch trägt es in sich, dieses sogenannte innere Kind. Dies ist der Speicher, aus all´ unserer eigen gemachten Erfahrungen.

Hierdurch entstehen unsere Gefühle.

Oft wird man durch Fremde immer wieder gekränkt oder verletzt. Oder man freut sich über Situationen die Glücksgefühle auslösen. In jedem Menschen ist ein solcher Speicher verankert. Hier entsteht die eigene Weltanschauung, sowie die eigene Realität des Lebens. Alle positiven sowie negativen Ansichten der eigenen entstandenen Welt bringt das innere Kind durch Gefühle zum Vorschein. Stößt im Denken eine Situation sauer auf weist das innere Kind auf eine Situation hin, die für dieses unangenehm erscheint und sofort ändert sich die Laune des Menschen.

Geprägt durch Grundsoftware der Eltern und die weiteren Erfahrungen wächst das innere Kind heran.

Da jeder Mensch unterschiedliche Erfahrungen gemacht hat oder die Weltanschauung jedes einzelnen unterschiedlich sein kann, kommt es immer wieder vor, sobald sich beide inneren Kinder verteidigen und sich der eigenen Realität stellen, dass es knallt oder ein Streit folgt. Hier prallen verschiedene Wahrheiten oder Erfahrungen der Menschen aufeinander. Beide Wahrheiten werden verteidigt, da niemand versteht, dass es in jedem Menschen innerlich anders ausschaut.

Ebenso zeigt sich leider fast keiner von der verletzlichen Seite, was automatisch mit sich bringt, dass das Gegenüber darauf keine Rücksicht nehmen kann, weil dieser sich nicht bewusst ist, was an der eigenen Realität des Lebens falsch ist. So lange die Kinder der Streiterei aus dem Weg gehen bestätigt sich jedes Denken als richtig und somit bleibt die größte Chance der Veränderung die leider nur dann möglich ist, wenn alle Wahrheiten auf den Tisch kommen auf der Strecke. Fakt ist, keiner will den anderen mit Absicht verletzen, aber so lange jeder denkt alle Menschen denken oder fühlen gleich lebt er in einer Welt der Phantasie.

Die Dualität der Menschheit entspringt der Vorstellung, die eigenen Macken zu verdrängen oder diese geschickt zu umgehen, um nicht mit diesen konfrontiert zu werden. Diese Macken sind nicht schlecht, sondern weisen uns darauf hin was in der eigenen Realität nicht der Wahrheit entspringt. Der größte Irrtum ist zu denken, dadurch weniger wert zu sein als die Leute deren Stärke die eigene Schwäche darstellt. Kein Mensch kann vollkommen richtig erzogen werden, das ist schlicht weg unmöglich, aber die Schattenseite durch andere zu ersetzen, führt niemals zu diesem Glück das sich jeder wünscht.

Das Lernen jedes einzelnen Menschen hört niemals auf, da es so viele verschiedene Arten gibt neue Erfahrungen zu sammeln.

Aber Veränderung kann wirklich nicht nur sehr viel Neues mit sich bringen, sondern auch sehr viele Unwahrheiten aufdecken und das eigene Leben positiv verändern. Aber Dein eigenes Betriebssystem von Verteidigung auf Veränderung umstellen, kannst nur Du selbst. Wenn Du skeptisch bist ist das völlig okay.

Aber einen Versuch ist es aus meiner eigenen Erfahrung WERT. Es ist Dein Leben und Deine Zeit.

Entscheide selbst wer oder was Du SEIN willst.

Dualität

Da die Erde absolut in jeglicher Hinsicht der Dualität entspringt gibt es überall das passende Gegenteil des jeweils anderen.

Nicht nur Dinge, wie nass oder trocken, hell oder dunkel, heiß oder kalt, schön oder hässlich, sind deutlich ersichtlich. Überall auf der Erde erkennen wir diese Gegensätze und können diese auch sehr gut unterscheiden. Aber der Mensch ist hier auf der Erde eine wahnsinnige Ausnahme, denn dieser sucht sich der Einfachheit halber, automatisch das passende Gegenstück. Während wir Menschen alle anderen Gegensätze verstehen können merken wir durch unser bisheriges stures eigenes Denken nicht, dass wir in der Regel in Partnerschaften, Freundeskreisen, Familien usw. unser Gegenteil ins Leben ziehen.

Aber fast keiner der Menschen ist bereit das Gegenteil auch wirklich kennenzulernen, da immer gleich mit Vorurteilen das eigene Denken verteidigt wird. Da aber auch die Menschen der Dualität entstammen, gibt es automatisch für jeden Menschen ein Gegenteil.

Jeder Mensch hat Stärken, sowie Schwächen. Meistens zieht man sich nun Menschen ins eigene Umfeld dessen Stärken die eigenen Schwächen sind und erschafft sich somit unbewusst ein perfektes System das aber beide Teile zum Glück benötigt.

So lange wir nicht verstehen, dass das Gegenüber zum Lernen da ist und etwas hat, was wir selber sein wollen bringt das Leben immer wieder Neid und Enttäuschungen mit sich. In jeder neuen Partnerschaft usw. sendet uns das innere Kind durch Magie der Anziehung Signale die oft als Liebe missverstanden werden. Hier will das eigene System die Macken vernichten und schenkt uns einen weiteren Menschen, der uns täglich zeigt was im eigenen Inneren nicht richtig funktioniert.

Denn das innere Kind will nur eines, erwachsen werden.

Durch unsere eigene Vorstellung bezüglich der Liebe oder diesem komischen Gefühls des Kibbelns im Bauch missverstanden, stopft man nun unbewusst die Löcher durch eine weitere Person und umgeht den Mangel eine gewisse Zeit. Nach einer gewissen Zeit ist aber dieses innere Kind unzufrieden und sendet erneut diese Signale der Anziehung. Schon wieder denken die Menschen nun den Partner gefunden zu haben der richtig ist. Dabei ist es nur wieder das Gegenteil des eigenen Denkens, das endlich ins eigene System integriert werden will.

Deshalb muss es logischerweise in der Dualität auch dieses Spiel zwischen Opfer und Täter geben. Der spätere Täter lernt schon in der Kindheit, alles durch Reden zu erreichen, lernt aber nicht die Gegenseite des Gebens kennen.

Das spätere Opfer lernt schon in der Kindheit, viel geben zu müssen, lernt aber nicht die Gegenseite des Nehmens kennen.

Beide Teile sind auf der Suche nach der Gegenseite und enden meistens, aufgrund der fehlenden zweiten Charaktereigenschaft in einer dramatischen Beziehung. Beide Teile können aber jeweils auf den anderen Teil nicht verzichten, obwohl sich beide sehr verletzen und eigentlich in der Realität gar nicht zusammen passen.

Aus Mangel wird hier etwas passend gemacht was nicht der Liebe entspricht.

Und schon haben wir das Spiel des Lebens erschaffen. Während einer Nähe sucht, sucht der andere automatisch die Ferne. Während einer Geld verdienen kann, gibt es meistens der andere aus. Während einer Familie sucht, wendet sich der andere ab. Während einer zu Hause den Mittelpunkt sucht, sucht der andere sie auf der Arbeit. Auf jeden Fall ist sehr deutlich zu erkennen, dass eigentlich alles nur aus dem fehlenden Charakter und somit Mangel entsteht.

Das Leben meint es aber gut mit uns und konfrontiert uns immer wieder mit den gleichen Situationen so lange bis wir den wahren Sinn des Lebens verstanden haben.

Denn wirklich alle Menschen, sind auf der Suche nach der Trinität. (Opfer und Täter in Dir vereint)

Die Menschheit soll einen weiteren Charakter kennenlernen. Geben und Nehmen soll ins Gleichgewicht gebracht werden. Aus den Erfahrungen soll gelernt werden. Die Beziehungen sollen nicht mehr aus Mangel gelebt werden. Opfer sollen erkennen, dass sie den eigenen Selbstwert in der Kindheit verloren haben. Auch sollen diese lernen, aufzustehen und die eigene Meinung zu vertreten. Täter sollen erkennen, dass sie aufgrund der direkten Wortwahl, zu viel von anderen bekommen haben. Auch sollen sie lernen, die eigenen Ziele selbst zu realisieren.

Auf jeden Fall sind beide unglücklich

mit diesem Zustand.

Aus jedem Einzelnen Menschen soll ein Individuum werden, der keinen anderen mehr braucht um vollständig zu sein. Ab hier wird es keine abhängigen Partnerschaften mehr geben, denn beide wissen nun auch alleine vollständig zu sein.

Liebe

Die Liebe wird oft als Handel innerer Mängel missverstanden.

Wie wir nun im vorigen Kapitel verfolgen konnten denken beide dieser Charaktereigenschaften. Dieses magische Band muss die Liebe sein. Dies ist auch ein weit verbreiteter Glaube. Ich möchte diese Art von Liebe auch nicht schlecht machen, denn diese hat sowohl sehr schöne wie auch schlechte Momente. Aber in den meisten Fällen sind beide Teile im Alltag unglücklich oder führen ein Leben der Gleichgültigkeit. Oft geht jeder früher oder später seinen eigenen Weg.

Es gibt aber auch noch eine weitere und viel tiefere Art zu lieben, die mittlerweile schon einige kennengelernt haben. Meistens erst durch schwere emotionale Trennungen stellen Menschen alles in Frage.

Ein Opfer findet hier nach der Trauer den Selbstwert und lernt die eigene Wahrheit zu vertreten und bedingungslos hinter dieser zu stehen. Ein Täter lernt meistens beim alleine sein wie schwer das Leben auf einmal ist wenn er für alles selber sorgen muss. Ebenso merkt er, dass nicht alles in seiner gedachten Wahrheit der Realität entspricht. Beide Teile haben hier etwas sehr wichtiges zu lernen.

Wer aber versteht, Geben und Nehmen ins Gleichgewicht zu bringen findet den inneren Frieden und somit in die Selbstliebe. Beide Teile wissen nun, was richtig und falsch ist. Die Vorurteile anderen gegenüber hören auf, weil verstanden worden ist warum die Dualität entstanden ist.

Jeder kann die anderen Menschen genau so akzeptieren, wie diese momentan sind und möchte niemanden mehr verbiegen. Sobald man sich selbst zu lieben beginnt, steht man zu der eigenen Schattenseite. Man beginnt automatisch sich ständig zu verändern. Sobald auch die eigene Schattenseite mit Liebe betrachtet wird, kann diese nach und nach verändert werden und die dunkle Seite durch eine neue, mit Licht erfüllte ersetzt werden. Denn sind wir endlich mal ehrlich. Was ist unsere Schattenseite? Diese besteht lediglich aus Dingen oder Erfahrungen die wir bisher noch nicht gemacht haben. Die eigene Schattenseite ist nichts Schlimmes.

Wenn sich jeder Mensch selbst zum Wichtigsten wird und seine Realität nach außen ehrlich vertritt beginnt das Leben einem Wunder zu gleichen. Wenn man einsieht dass viele eigene Wahrheiten nicht der wahren Realität entsprechen und dieser mit Veränderung entgegentritt wird das Leben beginnen Dich zu lieben.

Nun benötigst Du keinen anderen Menschen um glücklich zu sein. Ebenso bist Du nur noch daran interessiert einen Partner zu finden der dasselbe Denken erreicht hat. In dieser Beziehung geht es nicht mehr darum dem Streit aus dem Weg zu gehen sobald etwas unangenehm wird, sondern beide Teile sind daran interessiert, diese Unwahrheit durch die Realität im eigenen Denken anzunehmen um sich weiterentwickeln zu können.

Diese Art von Liebe geht viel tiefer unter die Haut. Es bleibt nichts mehr unausgesprochen. Beide geben Fehler zu und nehmen das Denken des Gegenübers an. Dieser ständige Machtkampf ums Recht hört auf weil beide das Beste wollen. Keiner muss den anderen beeindrucken.

In dieser Liebe geht es nur um eines.

Glücklich zu sein.

Den anderen verstehen lernen zu wollen. Unterschiedliche Erfahrungen gemeinsam teilen. Man teilt interessiert die Erlebnisse des Partners und bringt sich aktiv ins Gespräch ein. Man versucht die Erfahrung des Partners nur durchs erzählen zu erleben. Bei dieser Art von Liebe geht es sogar so weit, dass man sich freiwillig trennen würde, wenn man weiß, es können verschiedene Erfahrungen nicht gemeinsam erlebt werden. Bei dieser Art zu Lieben schränkt keiner den anderen ein. Hier geht keiner mehr davon aus für immer zusammen zu bleiben aber genau dadurch fehlt in dieser Beziehung die Sicherheit was zur Folge hat, dass man die Momente die man zusammen erleben darf, inniger und sehr viel mehr wertgeschätzt werden. Hier ist man einfach nur noch dankbar für die Momente und würde der frühere Alltag in die Beziehung kommen, wäre diese Art von Liebe nicht mehr spürbar. Hier würden sich beide Teile freiwillig wieder trennen.

Denn die Liebe Gottes lässt keine Selbstverständlichkeit, sowie Ausbeutung

des Anderen zu.

Hier ist eine Liebe nur möglich, wenn sie in beide Richtungen fließen kann. Alles andere, ist nicht die Wahrheit.

Nachdem die eigenen Macken durch Lösungen, die durch andere gespiegelt wurden, sich positiv verändern, wächst jeder Mensch über sich hinaus. Wenn man verstanden hat, dass jeder Mensch etwas an sich hat das gut ist, sucht man nicht mehr nur das Schlechte an diesem Menschen, sondern nimmt das Gute in sich selbst an und hilft dem anderen das Negative zu verarbeiten. Genau hier entsteht die Nächstenliebe.

Man tadelt die Menschen nicht mehr, sondern weist sie auf ihre positive Seite hin und versucht auf schonende Weise eine Möglichkeit zu finden, wie diese ihre Schattenseite verändern können.

Das ist die Liebe Gottes.

Geld

Da der Job sich heute danach richtet, in welchem Beruf man am meisten Geld verdienen kann vergessen viele Menschen leider ihre Berufung.

Geld ist eines der größten Missverständnisse der Menschheit. Dieses regiert nämlich die Welt und wird somit zu einem Gott gemacht dem alle hinterherlaufen. Der Job wird heute nur noch aus einem Grund gewählt. Welcher Job bringt mir am meisten Geld auf das Konto. Die meisten Menschen denken wirklich, dass Geld glücklich macht. Es gibt sehr viele alte Menschen, die sehr viel Geld auf dem Konto haben, aber dafür ein sehr unglückliches Leben geführt haben. Des weiterem gibt es sehr viele Menschen der heutigen Generation die irgendwann feststellen einen Job zu haben der eine Unzufriedenheit mit sich bringt.

Diese werden vom Leben oft durch Krankheit der Berufung die für jeden anders ausfallen kann näher gebracht. Dies liegt daran, dass man früher geglaubt hat, Geld macht glücklich. Wählt aber ein Mensch seinen Job nicht aus reinem Geldmangel sondern wählt diesen, weil genau diese Arbeit den Menschen glücklich macht, verdient er sein Geld und ist zusätzlich auch noch glücklich.

Wir Menschen verbringen die meiste Zeit unseres Lebens mit der Arbeit und wenn diese nicht der eigenen Wahrheit und somit als Herzensangelegenheit gewählt wird, ist kein glückliches Leben möglich, denn wer seinen Job nicht liebt, zählt zu den unglücklichsten Menschen der Erde.

In jedem Menschen liegen unterschiedliche Interessen die ihn glücklich machen und erfüllen. Wählt also einer der Freiheit und Natur im wahren Leben benötigt eine reine Bürotätigkeit kann kein Geld auf dieser Welt diesen Menschen glücklich machen. Vielleicht verdient er sehr viel Geld bei der Arbeit aber die Seele erkrankt, wenn sie nicht das bekommt für das sie bestimmt wurde. Wären die Eltern in der Kindheit schon in der Lage die Interessen ihres Kindes zu notieren, würden nicht so viele Jobs aus reinem Geldmangel ausgewählt werden. Als Kind sind wir frei vom denken an Geld. Hier könnte man sehr gut feststellen, was man braucht um glücklich zu sein.

Leider sind viele Kinder irgendwann in einem Job gefangen, wie schon die Eltern.

Eben weil es niemand erklärt hatte, dass die Berufung zur wichtigsten Eigenschaft eines glückliches Lebens gehört. Als Kind sind wir FREI von diesen Verpflichtungen und interessieren uns genau für das für was wir einst gemacht wurden. Denn jeder Mensch auf der Erde hat eine Bestimmung, doch diese wird leider mit den Jahren verdrängt und gerät in die Vergessenheit weil jeder lernt: Geld regiert die Welt.

Nur wer das im Alltag tut wobei er sich wohl fühlt bekommt vom Leben die Möglichkeit dieses glücklich und erfüllt zu erleben. Alles Geld der ganzen Welt macht nicht glücklich, wenn dieses nicht aus einer Arbeit zu einem fließt, die jeden Tag eine Freude mit sich bringt. Es heißt nicht umsonst: Wer seine Arbeit liebt, wird niemals arbeiten.

Ängste

Warum schränken Ängste das Leben so wahnsinnig ein?

Wenn ein Mensch eine Erfahrung macht die ihm als schlecht aufstößt, oder weil er versehentlich mit einer Wahrheit konfrontiert wurde die nicht für den eigentlichen Menschen bestimmt war, möchte der Mensch aus seinem Instinkt heraus, nie wieder mit dieser konfrontiert werden. In den meisten Fällen erkennt der innere Speicher, dass er einer solchen Situation schon einmal begegnet ist und zeigt durch anschließende Gefühle, wie die Situation damals gespeichert oder verstanden wurde.

Nun versuchen die meisten Menschen dieser Situation so einfach und schnell wie möglich zu entkommen und nehmen hierbei einen Umweg in Kauf. Durch die frühere, mit Angst geprägte Situation, begegnen die Menschen der neuen mit Vorurteilen und wehren somit eine neue Chance von vorne herein ab. Nun schränkt uns das Leben sehr ein, denn nicht jede Situation endet auch gleich. Wenn man sich aber mit dieser Situation auseinandersetzt, ergibt diese in den meisten Fällen eine lehrreiche Lektion. Das Gefühl der Angst wird leider in den meisten Fällen falsch interpretiert, denn dieses soll lediglich darauf hinweisen eine ähnliche Situation erlebt zu haben und dieser soll mit Vorsicht begegnet werden.

Auch hier begegnen wir der Dualität der Erde.

Mut und Angst

Stellt man sich erneut dieser Gefahr und hat verstanden warum diese damals ins Leben getreten ist fängt man an sich durch Mut dieser Angst zu stellen. Hat man diese damalige Situation nicht verstanden, begegnet man dieser nun mit weit geöffneten Augen und betrachtet sie ganz anders. Diese Angst wird nun verschwinden und durch Mut ersetzt.

Denn diesmal stellt man sich der Situation

und verteidigt sich selbst.

Man muss jeder unangenehmen Angst auch die erneute Chance geben diese neu zu erleben, denn sollte diese keine neue Chance von ihnen erhalten, werden sich früher oder später die Ängste zu einem unüberwindbaren Berg und ein Leben voller Ängste mit sich bringen. Alles und jeder hat eine zweite Chance verdient. Auch die Angst, der es sich zu stellen lohnt.

Hierzu möchte ich ein kleines Beispiel erzählen:

Ein Mensch der in der Kindheit von einem Hund angegriffen oder gebissen wurde, läuft automatisch einen riesengroßen Umweg, sobald es erneut mit dieser Angst oder diesem Gefühl gebissen zu werden konfrontiert wird. Der innere Speicher warnt, seit diesem Ereignis mit schlechten Gefühlen, über diese Art von Tiere.

Sehr oft können wir diese Angst aus der Kindheit in erwachsenen Menschen erkennen, sobald diese mit dieser kindlichen Angst erneut konfrontiert werden. Dieser Mensch kann allein durch diese Angst, niemals die Schönheit der Hunde kennenlernen und wehrt diese systematisch von sich ab. In der Kindheit begegnete dieser Mensch einem Hund der sich angegriffen gefühlt hat und dadurch angegriffen hat. Aber es gibt noch sehr viele Hunde die anders sind. So lange dieses nicht begriffen wird, kommt diese Angst immer wieder auf, bis dieses Kindheitstrauma verarbeitet wird.

Mit jedem Hund kommt die Erinnerung zurück.

Stellt man sich aber erneut dieser Situation oder Angst durch Mut gibt nun in den meisten Fällen der Hund klein bei. Und wenn diese Situation doch wieder kommen sollte und der Hund zu bellen beginnt ist man auf die Situation vorbereitet und hat die Möglichkeit der Verteidigung. Nur weil in der eigenen Erinnerung einmal ein Hund dabei war der aus der Reihe tanzte, braucht man nicht vor allen anderen Angst haben. Und genau so ist es auch mit den partnerschaftlichen Geschichten.

Wenn hier nicht alle Ängste über Bord geworfen werden hat der Partner keine Chance eine wahrhaftige Partnerschaft mit ihnen zu führen. Es muss früher oder später jeder Angst mit Mut begegnet werden, denn nur so erhält jeder Mensch auch eine faire Chance. Mit jeder Angst im eigenen Leben schränkt man sich selbst ein. Denn nicht mit jedem Menschen oder Tier treffen die gleichen negativen Erfahrungen erneut ein. Hab keine Angst vor Veränderung. Hab Angst davor diese in Deinem Leben nicht zuzulassen. Gib dem Leben eine neue Chance, Dir zu beweisen, dass nicht alles was Du erlebt hast auch für Dich bestimmt war.

Aber nur wenn man sich erneut in diese Situation begibt, kann diese sich positiv verändern. Anschließend hat der Innere Speicher die Möglichkeit eine frühere negative Situation durch eine positive zu ersetzen.

Gefühle

So lange du nicht zu deinen Gefühlen stehst, führst du auch nicht dein Leben.

Ich war ein Mensch, wie sehr viele andere. Ich habe mich bemüht durch sehr viel Arbeit, Anerkennung zu ernten um dadurch, besonders und unabkömmlich zu sein. Ich habe mich dem Massenbewusstsein angepasst und dadurch immer mehr den Draht zu mir selbst verloren. Meine Gefühle habe ich mir durch das Hamsterrad der Lügen (BESSER ALS DIE ANDEREN ZU SEIN) immer mehr ab trainiert.

Dadurch war ich etwas Besonderes. Alle baten mich um Rat und schauten zu mir auf. Ich habe sehr vieles erreicht was eigentlich schlichtweg unmöglich war. Dabei bin ich so weit im Mittelpunkt gestanden, dass ich anderen Menschen in meinem Umfeld das Gefühl vermittelt habe weniger Wert zu sein. Diese neidischen Blicke habe ich einst als Anerkennung wahrgenommen. Aber dass ich dadurch eigentlich das Gegenteil erreicht habe (NEID) wurde mir erst später bewusst. Ich wollte niemals erreichen, dass ich dieses Bild auf mein Umfeld ausstrahle. Seid ich verstanden habe was ich mir ganz unbewusst erschaffen habe möchte ich nicht mehr besonderes sein. Heute bin ich ein ganz anderer Mensch. Ich stehe zu mir und meinen Gefühlen, ohne diese Maske wie ich sie einst getragen habe. Meine Gefühle machen mich zu einem einzigartigen Menschen. Seid ich den Weg zu meinen Gefühlen endlich wieder gefunden habe, kann ich anhand diesen endlich verstehen, dass negative Gefühle einfach für jemand anderen als positiv ausfallen können und somit viele Situationen nicht für mich bestimmt sind. Heute meide ich Situationen, in denen ich anderen es Recht machen will, weil ich verstanden habe, das ist das Ziel der meisten Menschen. Ich versuche es heute mir selbst Recht zu machen und genau diesen Gefühlen zu folgen die mich persönlich glücklich machen.

Ich stehe heute 100 Prozent hinter mir und bringe jedem Mitmenschen sofort meine Gefühle zum Ausdruck. Ich begebe mich nicht mehr ständig in Situationen, die schlechte Laune in mir auslösen. Aber nur so finden Menschen in mein Umfeld, die auch für mich bestimmt sind. Ich habe mich immer nach dem Glück gesehnt, aber dabei vergessen ehrlich hinter mir und meinen Gefühlen zu stehen.

Ich habe gelernt, erst wenn ich meine wirklichen Gefühle zum Ausdruck bringe können mich Menschen von meiner wahren Seite kennen. Entweder versuchen sie mich nun zu verstehen oder sie wenden sich von mir ab. Aber ganz egal welche der beiden Eigenschaften eintritt, ich befreie mich aus dieser für mich unangenehmen Situation und binde somit auch keine Menschen an mich die einfach anders sind als ich. Alles was ich zuvor lebte oder verkörperte, war nicht ICH sondern ein anerzogenes Glaubensmuster.

Ich lebe heute mein Leben anhand meiner Gefühle. Dieses frühere unangenehme Gefühl loszulassen, wenn mich Menschen verletzt haben, hat sich in ein Glücksgefühl verwandelt, denn ich weiß es geht nicht nur mir damit besser sondern auch den Menschen die einfach nicht zu mir und meinem Leben in Glück passen.

Das Leben ist viel zu kurz für mich um einen weiteren Tag unglücklich zu verbringen.

Leider ist nun wieder diese frühere Situation meines alten Lebens eingetreten, denn seid ich bedingungslos zu mir und meiner eigenen Meinung sowie Gefühlen stehe, merke ich, dass mir die Mitmenschen mit noch größerem Neid begegnen.

Deshalb liegt es mir auch am Herzen dieses Buch zu veröffentlichen. Ich will wirklich nicht mehr besonders sein. Ich wünsche mir: Dass jeder versteht, dass er etwas Besonderes ist. Jeder Mensch hat das absolute Glück verdient. Man muss nur verstehen, was nicht gut für einen selbst ist und leben für diese Dinge die Dich erfüllen. Es ist kein Zeichen von Schwäche, Gefühle zum Ausdruck zu bringen. Gefühle zu zeigen, bedeutet wahre STÄRKE, denn nur so können Bindungen und Wahrheiten entstehen die zusammen passen.

Nur über die eigenen Gefühle ist es möglich ein GLÜCKLICHES Leben zu führen.

Es ist wirklich nur anfänglich komisch, diese Veränderung im eigenen Leben und Denken zuzulassen. Aber es lohnt sich genau dieses zu tun. Gefühle begleiten jeden Menschen auf unterschiedlichste Weise. Aber diese leiten jeden auf den eigenen Weg der für ihn vorbestimmt ist. So lange diesen keine Aufmerksamkeit geschenkt wird ist ein glückliches und vor allem erfülltes Leben nicht möglich. Menschen die nicht an den Gefühlen des anderen interessiert sind, interessieren sich somit überhaupt nicht für die einzelne Person und können schlussfolgernd auch keine Liebe zum Ausdruck bringen, denn nur wenn jeder Konflikt oder ungutes Gefühl offen ausgesprochen werden kann, ohne dass der andere sich darüber lächerlich macht, kann von der WAHREN Liebe gesprochen werden.

Die LIEBE GOTTES kann verkörpert werden, wenn Gefühle ausgesprochen werden und alle Parteien bereit sind, auch negative Gefühle zuzulassen und ebenso für Veränderung im eigenen Leben. Kein Mensch ist perfekt in seinem DENKEN und nur gemeinsam kann die wirkliche Wahrheit jedes einzelnen aufgedeckt werden. Seit ich meine Gefühle absolut verkörpere und blind hinter diesen stehe, kann ich mich gegebenenfalls verändern, wenn mich andere auf eigene Macken hinweisen. Auch weiß ich, was für mich bestimmt ist und von welchen Situationen ich Abstand halte. Ich gleiche leider heute nur sehr wenigen Menschen, die dies ebenfalls verkörpern. Aber dies wäre eigentlich für die gesamte Menschheit so unglaublich wichtig.

Ich möchte versuchen zu erklären warum das so ist:

Früher war ich einer von sehr vielen. Habe die eigenen Gefühle verschwiegen.

Somit führte ich ein Leben das einem Roboter geglichen hat.

Ich bin absolut in jeder Hinsicht der Menge gefolgt und habe mich total verbogen. Wie die meisten habe ich immer nach der Freiheit oder nach dem besseren glücklichen Leben gesucht. Ich habe immer im Außen nach einer Lösung für den inneren Unfrieden gesucht. Erst als ich verstanden habe, dass meine Gefühle dafür da sind um den richtigen Weg für mich zu finden, stellten sich die Wünsche nach Glück, Frieden usw. in mir ein.

Der Schlüssel für ein glückliches, erfülltes Leben sind die eigenen Gefühle.

Viele Trennungen wären nicht nötig, würde im wahren Leben über Gefühle gesprochen werden. Jeder Mensch hat ganz unterschiedliche Interessen und ist somit auch nicht für jeden gemacht. Deshalb ist es auch so wichtig eine Partnerschaft oder Bindung nicht einzugehen, weil man nicht allein sein will, sondern die Menschen kennen zu lernen die gleiche, oder ähnliche Ziele verfolgen. Das Leben ist interessant und die Menschen lieben den Umgang in Gesellschaft, aber es ist nicht möglich glücklich zu werden, wenn ein Mensch das tut, was für ihn nicht bestimmt ist.

Man kann sehr viele neue, auch interessante Dinge kennenlernen die das eigene Leben bereichern, aber es gibt für jeden Menschen auch Dinge, mit denen er sich nicht anfreunden kann.

Aber was ist nun wahres Glück?

So wie ich dies in meiner neuen Zeit kennenlernen darf, ist Glück, Menschen oder Partner im Umfeld zu haben mit denen man alles gemeinsam erfährt. Mit dem man auch die Freizeit verbringt oder eben alle Interessen teilt. Und jaaaaaa, es gibt die Menschen oder Partner wirklich, bei denen man sich nicht verstellen muss. Wenn man diese Menschen aber gefunden hat ist es nicht mehr nötig festzuhalten, denn diese Menschen haben das gleiche Ziel oder selben Träume.

Hier ist es möglich, den Himmel auf Erden zu finden.

Hierfür ist aber schon beim kennenlernen die Wahrheit und die Gefühle jedes einzelnen sehr wichtig, denn sobald man die Gefühle in den Hintergrund stellt, wird das Leben wieder zum Zufall. Auch wenn sich das unromantisch anhört, aber wenn beide Teile das gleiche Zeitfenster, sowie die gleichen Ziele im Leben erreichen wollen beginnt das Leben in der ersehnten Leichtigkeit. Es ist möglich ein ganzes Leben dem Zufall zu übergeben, aber es ist auch möglich sein Schicksal selbst zu bestimmen, indem man zu den eigenen Gefühlen steht.

Loslassen

Wenn du etwas festhalten musst, ist es nicht für dich bestimmt.

Ich konnte erst loslassen lernen, als ich meine Kindheit und somit die eigen gedachten Glaubenssätze, die mein bisheriges Leben geprägt haben begriffen hatte. Natürlich kann man Loslassen auch ganz anders missverstehen, auch dieses habe ich schon oft in meinem Leben versucht. Es ist nicht schwer einen Partner oder Bekannten nach einem Streit loszulassen, aber so lange man die eigenen Glaubenssätze oder somit sein Unterbewusstsein nicht kennenlernt, zieht man immer wieder die gleiche Sorte Menschen in sein Leben.

Sehr oft wird dann im Außen versucht alles auf den Partner oder Bekannten zu schieben. Das Hobby der Menschen heute ist, die Fehler bei den anderen zu suchen. Aber eines ist sicher. Der nächste der in das eigene Leben tritt wird die gleichen Macken benötigen, um die eigenen Mängel zu stopfen. Der Mensch kann gar nicht anders handeln, als das zu suchen was er selbst nicht ist. Wie ich immer wieder versucht habe zu erklären, liegt alles an den anerzogenen Glaubenssätzen. Ganz egal ob die Kindheit schwer war oder Du unmögliches erfahren musstest.

Du musst diese verarbeiten.

Es ist oft nicht richtig den Menschen loszulassen, der einem weh tut. Diese Software brauchst Du immer wieder bis Dein eigenes Denken aus der Kindheit angeschaut und verändert wird. Alle Beziehungen oder Freundschaften die aus der fehlenden Erziehung nicht in Dir aktiviert sind gilt es zu erlernen. Denn nur wer niemals etwas festhalten muss, kann sagen es ist freiwillig und aus eigenem Interesse bei einem.

Wenn du den Teil des Opfers und des Täters in dir selbst verankert hast, wirst du keinen mehr benötigen, der dir Glauben oder Anerkennung schenkt, denn dies kannst du dir von nun an selbst geben.

Und wenn Du diese beiden Teile in Dir hast, wirst Du Dir selbst zum Wichtigsten. Du stellst die eigene Wahrheit nicht mehr durch andere in Frage. Du stehst blind für Dich ein. Du willst nicht mehr anderen gefallen wollen sondern nur noch Dir selbst.

Du findest die Mitte in Dir nach der alle Menschen suchen.

Lass Dein altes kindliches Denken LOS das bis heute Dein Leben regiert. Suche Deine eigenen Ziele wie der Täter und opfere Dich selbst dafür auf wie ein Opfer. Hier findest Du das Glück nachdem alle suchen. Wenn Du Dich für deine Taten aufopfern kannst, findest Du den Punkt an dem Du Dir selbst mit Stolz begegnen kannst.

Erwartungen

Warum erwartest du überhaupt Dinge von anderen? Vielleicht hat dein Gegenüber ganz andere Erwartungen an dich.

In den meisten Partnerschaften, Familienclans sowie im Freundeskreis blockieren Erwartungen das eigene Glück. Da jeder Mensch das eigene Handeln in der Regel als Massenbewusstsein versteht, oder vielmehr niemals in Frage stellt, was seine Handlung im Gegenüber auslöst entstehen die unterschiedlichsten Erwartungen. Bedingt dadurch, dass jeder denkt, der andere ist genauso, erwartet dieser Dinge, die er für sich selbst, als selbstverständlich betrachtet.

Aber fast jeder Mensch denkt, dass seine Erwartungen oder Handlungen selbstverständlich für den anderen sind. Da aber wirklich jeder Mensch gute sowie schlechte Erfahrungen im Leben gesammelt hat reagiert jeder unterschiedlich. Wirklich jeder Mensch hat eine Schattenseite, die leider auch in den Schatten gestellt wird. Wir suchen lieber die Fehler in der Schattenseite des Gegenübers, als dass wir endlich bedingungslos zu uns selbst stehen und die eigene Schattenseite endlich entwickeln. Die Schattenseite sind entweder Dinge, die wir zuvor als schlecht erfahren haben oder es fehlen hier die Erfahrungen, die den Anderen schon prägen.

Dadurch, dass keiner sein Denken oder Handeln in Frage stellt, haben beide Teile unterschiedliche Dinge, die als selbstverständlich betrachtet werden. Meistens ergänzen sich die Teile auf ganz unterschiedliche Art und Weise, aber beide erwarten leider unbewusst Dinge vom jeweils anderen, die dieser aber gar nicht kennengelernt oder erfahren hat und somit auch überhaupt keine Möglichkeit hat sein Denken anzupassen.

Ebenso ist es auch mit den ganzen Sätzen, wie zum Beispiel. Was denken nun die anderen von mir, wenn ich nicht dies......................

Kommt ihnen dieser Satz bekannt vor?

Auch dies sind einfache Glaubenssätze, die von der leider missverstanden werden. Als Kind kommt jeder auf die Welt und ist absolut ehrlich und bringt die eigene Wahrheit, die der Mensch durch die eigenen Gefühle wahrnimmt zum Ausdruck. Aber weil jeder denkt, weniger wert zu sein und an fremde Götter glaubt, hat sich die Menschheit überhaupt erst verbogen. Ein Teil von Gott ist in jedem unserer Herzen. Durch unsere eigenen Gefühle, die uns eigentlich sagen sollen wie unser Weg geplant ist, will Gott unterschiedliche Erfahrungen durch jeden von uns sammeln. Stehen wir nicht bedingungslos zu unseren eigenen Gefühlen, verlieren wir zuerst unseren Weg schon in der Kindheit und somit auch immer mehr den Glauben an Gott, denn wir denken diese Menschen, die irgend eine Regel auf der Welt zum Ausdruck bringen, sind etwas Besseres.

Aber diese Menschen vertreten doch einfach nur die eigene Stimme des eigenen Weges. Während der eine zu sich und der eigenen Wahrheit steht, denken alle anderen, dass dies auch ihr Weg ist. Wir Menschen lehren sogar, wie man in der Gesellschaft zu essen hat. Während wir uns beim Essen verschieden Manieren aneignen und uns ständig auf die Haltung konzentrieren, verbiegen wir uns dabei so sehr, dass wir das Essen gar nicht genießen können.

Wenn sich jeder an die Theorie des anderen hält und denkt, dass dieses immer richtig ist, wie soll sich dann die Menschheit weiterentwickeln?

Wer sagt uns, dass Gott nicht will, dass in ein paar Jahren das Messer in der anderen Hand gehalten wird?

Ich, zum Beispiel, bin ein Linkshänder. Für mich ist es um ein vielfaches einfacher, Dinge anders herum zu tun, weil sie für mich in der normalen Welt spiegelverkehrt sind. Aber wir versuchen schon in der Schule, die Menschen die einfach anders herum denken, als abnormal abzustellen, aber das Lustige daran ist wirklich, dass es genauso viele Linkshänder, wie Rechtshänder auf der Erde gibt. Wenn Gott mich als Linkshänder auf die Erde bringt, warum soll ich mich durch die Erwartungen der Menschen verbiegen und eine schwere Art das Essen erlernen, wenn er durch mich die Welt anders herum erfahren möchte?

Ein Mensch stellt eine Theorie in den Raum und mehrere finden diese gut. Diese sollten sich doch auch so entwickeln und das annehmen was für sie selbst richtig ist, aber sie dürfen nicht erwarten, dass der Rest der Menschheit diesen Glauben teilt.

Leider halten sich die Menschen an so viele Regeln, wie das Leben auszusehen hat.

Aber wenn die eigenen Regeln nicht ab und zu einmal überdacht werden, kann sich daraus keine neue entwickeln. Auch wenn eine Regel zum jetzigen Zeitpunkt richtig ist, heißt das nicht, dass sie zu einer anderen Zeit für jemanden anderes überdacht und gegebenenfalls verändert werden sollte.

Durch Erwartungen machen wir Menschen uns zu Roboter.

Alle denken das Richtige zu tun, passen sich an und verzichten damit auf so viele Erfahrungen. Fast jeder denkt nicht gut genug zu sein und nimmt Regeln deren an, die ihre Anschauung der Welt vertreten. Aber jeder hat eine andere Weltanschauung. Würde ich nun das Messer beim Essen in der linken Hand halten und dies lehren, bin ich mir sicher, alle Linkshänder würden sich mir anschließen, denn für mich, ist dies sehr viel leichter und ich muss mich dafür nicht verbiegen.

Aber Rechtshänder erwarten, dass Linkshänder sich verbiegen und somit in das Bild der Gesellschaft passen.

Aber bedenkt bitte eines. Ihr passt nicht in unser Bild der Realität. Habt Ihr Euch noch nie gefragt, warum es zum Beispiel Länder gibt bei denen das Lenkrad auf der anderen Seite ist? Mit Sicherheit ist hier die einfachste Lösung mit der Antwort: „Es ist nun mal so!" den Satz zu beenden. Aber was für einen Sinn gibt das Ganze, außer, dass die Weltanschauung für einige als Spiegelverkehrt und abnormal angeschaut wird.

Oder waren in diesen Ländern vielleicht einfach nur Menschen an der Führung, die Linkshänder und somit die Welt aus einem anderen Blickwinkel sehen konnten an der Macht? Als ich in einem dieser Länder am Steuer gesessen bin, habe ich festgestellt, dass für mich das Autofahren sehr viel einfacher und verständlicher ist. Liegt es daran, dass ich mich einfach viel lieber in die andere Richtung bewege, eben weil ich anders herum bin als Rechtshänder?

Ebenso gibt es Computer Systeme die total unterschiedlich sind, während sich die einen damit sehr einfach tun, rechts oben das X zum Schließen zu verwenden, freue ich mich sehr darüber, nun ein Betriebssystem gefunden zu haben, bei dem die Programme, für mich als Linkshänder verständlich und logisch sind. Oder war der Erfinder dieser Software evtl. ein Linkshänder der ein Betriebssystem entwickeln wollte, das für ihn als logisch und einfach erscheint?

Oder meint ihr wirklich immer noch, dass das Leben ein Zufall ist?

Ich kann nur sagen, für mich klingt das Leben heute sehr logisch. Über Erwartungen kann ich nur folgende Sätze verlieren. Das was du selbst erwartest, sieht in den meisten Fällen im Gegenüber ganz anders aus. Man kann nur eines tun, man kann dem Gegenüber erklären welche Erwartungen oder Wünsche man hat.

Selbstverständlich ist auf dieser Welt gar nichts.

Man kann versuchen, die Erfahrung, die dieses eigene Denken auslöst, gefühlvoll dem Gegenüber mitzuteilen und gemeinsam den richtigen Weg für die momentane Situation zu finden.

Zufriedenheit

Sei auch mal zufrieden mit dem was du jetzt hast und suche nicht immer nach Dingen die im Moment noch nicht da sind.

Welcher Mensch kann wirklich und mit ganzem Herzen sagen, zufrieden zu sein. Warum ist es in der heutigen Zeit eine Illusion, zu denken, erst wenn ich Dies und Das in meinem Leben erreicht habe, bin ich zufrieden. Als Kind kommt doch wirklich jeder auf die Welt und ist zufrieden, einfach nur leben zu dürfen, warum ändert sich diese Einstellung? Schon als Kind bekommen wir durch das Umfeld unbewusst Ziele gesteckt, wie das Leben zu funktionieren hat. Durch unglückliche Menschen denken wir alles besser machen zu müssen, um unsere Zufriedenheit erreichen zu können. Wie ein Zombie jagen wir der erzählten Geschichte hinterher und beschränken uns auf dieses sehr kleine Leben. Wir denken sogar, dass uns die Rente das langersehnte Ziel der Zufriedenheit schenkt. Endlich nichts mehr tun und all die ganzen anderen Sätze.

Aber haben sie sich nur einmal gefragt, was in einem Rentner wirklich vor sich geht? Er findet nämlich keinen Sinn mehr und hat nur noch ein Ziel vor Augen, auf dieses er mit großer Angst warten muss. Deshalb ist es auch so wichtig zu verstehen, dass der Weg das Ziel ist. Denn immer wenn man am Ziel angekommen ist benötigt man ein neues das den Antrieb zurück bringt.

Am Ziel angekommen ist man in der Regel nicht zufrieden weil man bemerkt diese Glücksgefühle sind nicht von langer Dauer. Wir Menschen sind nicht dazu gemacht, ziellos durchs Leben zu laufen. Der Mensch ist dazu gemacht auf dem Weg zufrieden oder glücklich zu sein. Aber solange jeder Mensch denkt, dass all die vorgelebten Wege auch die eigenen Ziele sind, rennt er einer Illusion hinterher und kann auf diesem Weg nicht glücklich und zufrieden sein.

Hätten wir Menschen keine Augen und könnten nicht sprechen, würde jeder seinen Gefühlen vertrauen und dem Leben mit Freude, Zufriedenheit und Glück begegnen.

Aber solange wir denken, dass der Weg den die Masse geht, der richtige jedes einzelnen ist, wird es sehr schwer werden, dauerhaft glücklich und erfüllt, in Zufriedenheit zu leben. Ein bekannter Weltumsegler hat auf die Stimme in seinem Herzen vertraut und ist den Weg gegangen, den ihm seine Gefühle und Interessen aufzeigten und wurde dadurch zu etwas Besonderem. Wer aber sich selbst und der eigenen Stimme im Herzen nicht vertraut, wird das Glück und die Zufriedenheit immer nur ganz kurz finden können, weil jeder merken kann, dass wir mit den Augen Ziele anstreben, die evtl. für jemand anderen gemacht sein könnten.

Ich zum Beispiel, muss dieses Buch nicht schreiben, aber in jeder Minute, wenn ich daran arbeite, bin ich glücklich und zufrieden.

Dankbarkeit

Die meisten Menschen sind nicht dankbar für das was sie haben. Sie verwechseln im Alltag viele Dinge als selbstverständlich.

Aber im Alltag und der Dankbarkeit begegnen wir wieder der Dualität. Da der Mensch immer danach schaut was er nicht hat und dadurch den Neid auf andere entwickelt, vergisst er immer wieder danach zu schauen, was er im Moment schon alles hat. Unsere Augen sollen uns lediglich darauf hinweisen, was es sonnst noch alles gibt, wofür es sich lohnt zu arbeiten. Aber es beginnt der Neid auf andere. Ganz oft ist es so, dass man Dinge am Gegenüber erkennt die man selber gerne hätte aber welche Frage man sich leider fast nie stellt? Was ist es, das den anderen neidisch auf uns selber macht.

Eigentlich kann man dem Menschen dankbar sein, der uns auf etwas hinweist was

wir selbst noch erfahren wollen. Nur so können wir ein neues Ziel anstreben.

Aber alle denken, so bin ich nicht, oder das kann ich nicht. Aber dieser Mensch hat genau das doch auch irgendwo gelernt. Warum stellen wir uns an dieser Stelle nicht endlich die Frage:

Wie macht er das oder Fragen nach?

Nein. Wir Menschen sind lieber neidisch und unglücklich. Würden wir stattdessen das lernen, was uns das gegenüber mit auf den Weg gibt, könnten wir wachsen.

Genau hier geht die Dankbarkeit verloren.

Sehr viele Menschen denken wirklich immer noch, dass das, was uns an unserem Gegenüber so fasziniert Liebe sein muss und wechseln Partnerschaften, Freundeskreise usw. Aber in den meisten Fällen weißt uns diese Person auf etwas hin, was wir selber gerne wären. Was glaubt ihr, wie viele faszinierende Menschen es auf der Welt gibt, wenn man den Blick nur einmal nicht auf sich selbst beschränkt, sondern andere Menschen beobachtet. So viele Jahre bekommen wir nicht vom Leben geschenkt um all dies in Freundeskreisen und Partnerschaften erleben zu können. Es gibt so viele verschiedene Möglichkeiten Dinge zu erleben.

Wenn ein Mensch ein sehr ruhiges, sicheres, vernünftiges usw. Leben führt, findet er immer wieder andere Menschen faszinierend, die ein aufregendes, lockeres, kindliches usw. Leben führen, wogegen dieses auch genau anders herum der Fall ist. All' dies soll in Dir vereint werden. Sei dankbar für die Hinweise, die Dir andere geben und nicht neidisch.

Fang an, dich zu Verändern und finde das Glück und die Zufriedenheit nach der du suchst.

Moment

Die Momente der Menschen sehen ganz unterschiedlich aus.

Der Mensch hat eine weitere Gabe dazubekommen. Dieses nennt sich Geist. Er kann sich mit seinem Körper zeitgleich an einem anderen Ort aufhalten, als sein Geist. Dies hört sich in erster Linie verrückt an aber ich möchte versuchen zu erklären.

Nach getaner Arbeit, kommen irgendwann am Abend mehrere Mitglieder einer Familie nach Hause. Nun beginnen die einzelnen Mitglieder über den Tag oder die vergangene Zeit zu sprechen. Die meisten Menschen erleben über den Tag verteilt, verschiedene Erfahrungen oder Gefühle. Unser Körper ist nun zu Hause, aber unser Geist bringt uns durch Erzählungen automatisch in die Vergangenheit der erlebten Zeit und somit ist dieser während der Erzählung nicht im wahren Moment, sondern hält sich in der Vergangenheit auf. Beide Teile haben sich nun sehr viel zu erzählen, aber leider ist es in den meisten Fällen so, dass die Beziehung oder Familie als Mülldeponie verwendet wird, denn solange nicht beide Teile über den Tag erzählen können, wird ein Teil dabei vergessen oder dieser als unwichtig abgestellt. Nun befinden wir uns in der Vergangenheit des einen Teils und sprechen über den Tag. Der Geist des zweiten Teils nimmt nun durch Erzählungen an der Vergangenheit des Anderen teil.

Je genauer nun über die Erfahrungen gesprochen wird, desto ehrlicher kann sich der zweite Teil darüber eine Meinung und somit eine andere Ansicht der Situationen formen.

Hier ist es wichtig auch zu erzählen, warum eine Situation entstanden ist, damit der andere auch mitfühlen kann.

Hier ist nun möglich, durch die Meinung des Anderen eine ganz neue Ansicht der Situation zu bekommen, sobald man auch Kritik an der eigenen Persönlichkeit annehmen und verändern kann. Denn die ehrlichsten Menschen sind die, mit denen man gar keine Verbindung hat, denn diese verbiegen sich nicht, um es dir selbst recht zu machen. Wenn der eine Teil den Tag bisher nun verarbeitet hat, reist man natürlich nur bei einer WAHREN Partnerschaft nun in die vergangenen Stunden des zweiten Teils und arbeitet diese auch wieder gemeinsam auf. Nun hatten beide Teile die Möglichkeit Situationen zu verstehen, in denen der Partner auf liebevolle Weise mitteilt, was am eigenen Denken vielleicht der ausschlaggebende Punkt war.

Jetzt haben beide Geister die Vergangenheit (Tagesablauf) verarbeitet und reisen gemeinsam in die Zukunft, denn man muss schließlich auch darüber reden, was morgen oder die nächsten Tage kommt. Ganz egal ob dies die Ziele wie Kinder, Haus, Arbeit, Urlaub uvm. sind, beide Geister planen nun in der Zeit der Zukunft.

Nun haben wir zwei unterschiedliche Zeitzonen wie Vergangenheit und Zukunft aufgearbeitet, was aber mit dem WAHREN Moment gar nichts zu tun hat.

Der WAHRE Moment sieht nämlich folgendermaßen aus.

Zwei Teile kommen nach Hause verbringen die Zeit in der Vergangenheit oder Zukunft und vergessen dabei die Gegenwart, denn außer planen oder verarbeiten der Zeitzonen, gibt es noch etwas entscheidendes anderes, außer fern zu schauen. Sobald alles gesprochen ist, was der Geist loswerden will, kommt endlich die WAHRE Partnerschaft oder Beziehung ans Licht. Man braucht nichts mehr reden, weil beide Gehirne nun auch zu Hause angekommen sind und man nimmt Berührungen oder Zärtlichkeit, den Partner usw. auch mit dem Geist im wahren Moment war. Es fühlt sich alles so anders an, wenn der Geist nicht noch immer mit der Arbeit oder Ärger des Alltages beschäftigt ist und somit den Partner nur oberflächlich wahrnimmt. Es ist sehr wichtig über gemachte Erfahrungen zu sprechen und diese täglich zu verarbeiten, aber die Beziehung sollte nicht nur hierfür da sein. Wenn man lernt, erst das, gemeinsam zu verarbeiten was jeden beschäftigt, kann man den Rest des Tages mit Dingen verbringen, wonach sich eigentlich jeder sehnt.

Liebe, Nähe, Wärme usw.

Denn die wahre Zeit hat so lange nichts mit Beziehung zu tun, bis das Gehirn leer ist und die Zeit, wie sie am Anfang war, so schwerelos genießen, zurück ist. Denn als sie ihren Partner einmal kennengelernt haben, sah die Zeit anders aus, bevor es angefangen hat, nur noch Müll beim anderen abzuladen. Oft wird diese Zeit leider vergessen, aber diese war es, in der die Liebe entstanden ist und wird hier nicht immer wieder auch diese Magie des wahren Momentes erlebt, werden beide Teile auf Dauer unglücklich.

Der einzig wahre Moment ist, ohne Zeitreise des Geistes in der Gegenwart zu sein.

Dieser Moment ist das HIER und JETZT, ganz ohne Gedanken.

Dies ist der Moment, nach dem alle so vergeblich suchen. Es gibt nur eine Lösung dafür. Das was der Geist will, muss zuerst verarbeitet werden und sobald das Gehirn leer ist, kommt dieser WAHRE Moment ohne andere Zeitzonen zum Vorschein. Verarbeiten sowie Planen sind sehr wichtig für den Menschen, aber der wirklich WAHRE Moment darf nicht zu kurz kommen.

Fehler

Fehler sind dafür da gemacht zu werden. Aber auch dazu um sich positiv verändern zu können.

Jeder Mensch macht Fehler, sobald er sich aus seiner Komfortzone (Alltag) befreit. Dies ist menschlich. Aber der größte aller Fehler ist, sich durch Hinweise der anderen, die weitere Entwicklung zu verhindern. Es ist okay, nicht alles richtig zu machen, ebenso ist es richtig, neue Dinge nicht sofort zu 100% beherrschen zu können.

Nur durch gemachte Fehler, kann der Mensch LERNEN.

Es ist nicht schlimm Dinge zu hören, die einem sauer aufstoßen, denn diese zeigen immer einen anderen Weg, der vielleicht nicht ständig dasselbe Leiden auslöst. Denn Leiden ist ein Zeichen für ein falsches Handeln oder Denken.

Aber jeder Mensch hat diese Macken und Fehler.

Würde also jeder Mensch auch lernen seine Macken anzuschauen (Vorwürfe der anderen anzunehmen) könnte sich wieder ein Miteinander entwickeln. Der GRÖSSTE Fehler ist es, die Fehler bei Anderen zu suchen und die eigen gemachten Fehler abzuwehren, wie ein unwissender Esel. Auf Fehler hinweisen ist sehr einfach, aber die eigenen verstehen zu lernen und diese zu verändern, ist leider immer noch für die meisten Menschen unvorstellbar.

Ich kann nur von mir selber ausgehen und heute sagen, dass ich früher meine Macken auch verteidigt habe und nicht bereit war, zu diesen zu stehen.

Heute bin ich aber sehr dankbar für jeden Hinweis der anderen. Durch ständige Veränderung und das Hinterfragen der Situation, sowie Erklärungen der Menschen gegenüber, werden meine Macken täglich weniger und dadurch meine positive Seite immer größer.

Es ist wirklich möglich.

Aber zuerst musst Du Veränderungen in Deinem Leben zulassen können. Ich bitte Dich wirklich inständig darum, dass Du Deinem EGO, die Frage stellst, ob es denn wirklich so schlimm ist eigene Fehler einzugestehen. Versuche nur einmal diesen Menschen zu verstehen, der Dich auf die Palme bringt. Fast zu 100% kann ich sagen, dieser Mensch macht das völlig UNBE-WUSST. Und dies macht er nur, weil andere Erfahrungen sein Leben formen. Aber wenn wir anfangen darüber zu sprechen und das Ego in den Schatten stellen, kann entweder der andere von uns lernen, oder Du lernst eine neue wichtige Lektion für Dich dazu.

Unbewusst

Jeder Mensch macht ganz unbewusst verschiedene Dinge, die eine Reaktion auf andere spiegeln. So lange diese nicht ins Bewusstsein gebracht werden kann der jeweilige Mensch fast unmöglich die Dinge oder Situationen richtig verstehen.

Daher, dass die Menschheit bisher nur nach außen die Augen richtet, vergisst der Mensch das eigene zu hinterfragen. Im Denken jedes einzelnen sucht er Halt an den nach außen gerichteten Situationen doch nicht die Frage stellt, was mache ich anders als die anderen. Viele verschiedene Dinge unterscheiden die Menschen, die aber die Anziehung verschiedener Situationen automatisch mit sich bringen muss.

Es ist immer die Ausstrahlung jedes einzelnen.

Aber es ist kein Zufall, dass immer wieder verschiedene Dramen stattfinden, denn irgendwann kommt doch eine Enttäuschung oder es tritt ein Mensch ins Leben, der auf die eigenen Macken hinweisen soll. Manche haben eine sehr direkte oder überzeugende Stimme. Andere fühlen sich innerlich unsicher und reden daher über Umwege. Es gibt Menschen die ein lautes Organ haben. Dagegen aber auch Menschen, die leise sprechen. Es gibt Menschen die von Herzen lachen. Aber auch welche die nur oberflächlich lachen und umarmen können.

Auch gibt es Menschen die alles positiv sehen. Daher muss es auch Menschen geben, die immer nach dem Negativen suchen. Es gibt Leute die zu dick sind. Logischer weise muss es auch Menschen geben, die viel zu dünn sind. Sehr vieles kann man nicht verstehen. Über andere zu urteilen fällt uns nicht schwer, aber selbst herauszufinden welche Arten oder Mimik wir von uns geben, das tut leider fast keiner, weil er dafür sich selbst in Frage stellen müsste.

Aber es lohnt sich, auf Fotos zu schauen, wie lache ich und wie lachen die anderen.

Warum bewegt er sich so und ich mich anders.

Warum spricht er so direkt und ich traue mich nicht, die eigene Meinung direkt zu vertreten.

Warum bekommt der eine alles und der andere verzichtet dafür auf sehr viel.

All diese Dinge sind kein Zufall. Menschen können sich nur über andere und deren Reaktionen kennenlernen, oder unterscheiden. Daher ist es wichtig die Kritik anzunehmen und das eigene Denken in Frage zu stellen. Oder Arten der Sprache, Lachen zu lernen, wie dies andere tun. Wenn der Mensch sich auf Veränderung und Kritik einlässt verliert er den Neid. Wenn Du verstanden hast, dass Dir jede Tür auf dieser Welt offen steht, musst Du Dich nur noch fragen, „wo möchte ich hin und wie komme ich dahin". Das ist alles.

Ausgebrannt

Im Leben begegnen wir irgendwann einem Punkt an dem man automatisch alles in Frage stellt.

Früher oder später fragen sich fast alle Menschen, kann es das denn schon gewesen sein. Sie fühlen sich MÜDE und merken deutlich, dass ihr bisheriges Leben nicht das Glück gebracht hat, nachdem sich jeder Mensch sehnt. Das Leben oder vielmehr die Seele zeigt uns hier, dass wir noch nicht am Ende des eigenen Weges angekommen ist. Durch eine Auszeit, dieser tollen Krankheit, bekommen die Menschen nun eine Chance nach der Lösung zu suchen, die dieses langersehnte GLÜCK ferngehalten haben. Hier hat der Mensch die Chance für Veränderung.

Leider wird diese Auszeit sehr oft nur als Pause, für den Alltag verwendet.

Früher oder später werden sich die gleichen Menschen wieder in ähnliche Situationen begeben, die einem vorher schon meistens Jahre lang gezeigt haben, dass diese nicht dieses Glück auslösen, nach denen sie sich sehnten. Der Mensch hat ANGST, sich die Frage zu stellen, was will ich den wirklich tief in meinem Herzen. Oft versuchen Familienangehörige einem einzureden, dass man vorher glücklich war. Aber wäre man zuvor glücklich gewesen, wäre dann dieser Zustand überhaupt eingetroffen. Dies ist äußerst fragwürdig.

All diese Dinge Passieren nur aus einem Grund, weil sich der Mensch verbiegt, ein Massenbewusstsein annimmt und seine eigene Individuelle Art verliert.

Meinen Sie ernsthaft, zuvor alles richtig gemacht zu haben, um anschließend mit dem Geschenk, ausgebrannt belohnt zu werden?

Alle Menschen in meinem Umfeld, wollten mich zurück wie ich zuvor war. Das allerdings meine vorherige Rolle dieses ausgebrannt sein, ausgelöst hat, wollte niemand wahrhaben. Aber ich habe in der Zeit dieser Krankheit bemerkt, dass ich früher viele Dinge aus falschen Gründen getan habe und wollte mich verändern. Es war meine Rolle, die ich in diesem Leben spielte, die diese Krankheit ausgelöst hat. Warum sollte ich also in dieses schmerzhafte Leben zurück wollen? Ich habe auf dem Bau gearbeitet. Diesen Beruf habe ich erlernt, weil er mir damals viel Geld versprach und anschließend die Möglichkeit eröffnete, das eigene Haus oder Grundstück selbst gestalten zu können. Trotz meiner schon immer defekten Hüfte, suchte ich mir einen Beruf, der mir jeden Tag mit Schmerzen begegnete. Aber ich wollte wie schon als kleines Kind in das normale Umfeld passen. Ich habe auf diesem Weg soviel Geld erreicht, dass ich Leute in meinem Umfeld brauchte, die Ziele für dieses ganze Geld hatten, denn ich war so sehr in dieser Arbeit gefangen, dass mir selbst keine Zeit blieb um dieses auch auszugeben. Aber irgendwann zeigte mir mein Körper eben eine andere Situation des Lebens.

Durch diese Auszeit habe ich zum ersten sehen können welche Lasten ich für andere mitgetragen habe. Ich habe festgestellt, dass ich mir selbst am unwichtigsten war. Und ich habe festgestellt, dass ich mir selbst noch nie mit einem Geschenk begegnet bin. Ich beschenkte alle anderen, aber mich selbst nahm ich gar nicht wahr. Ich hatte immer Angst, wenn ich nicht mehr viel Geld verdiene, dass es mir schlecht geht. Aber das Tolle daran war, als dies eingetroffen ist, haben sich die ganzen Menschen von mir abgewannt, weil nichts mehr zu holen war.

Ich stellte fest, dass ich zwar weniger Freunde hatte, aber dass mir das wenige Geld für mich allein blieb. Ich verdiente viel weniger, aber hatte trotzdem viel mehr Geld zur Verfügung als jemals zuvor. Fakt ist zumindest für mich, diese Krankheit war ein Geschenk, weil ich dadurch meine alte Rolle erkennen und verarbeiten konnte. Aber es war auch eine sehr schwere Zeit für mich, weil sowohl Therapeuten wie Familienmitglieder oder Freunde versuchten mich wieder in diese alte Rolle zu drücken.

Ich bin sehr froh heute, das zu tun was mich glücklich macht. Freunde zu haben, die über eigenes Geld verfügen. Bekannte im Umfeld zu haben, die nicht darauf warten, dass ich meinen Geldbeutel aufmache. Heute habe ich sogar einen Partner an der Seite, dass wir uns oft darüber unterhalten wer das letzte Mal den Einkauf bezahlt hat. Für diese Menschen ist nichts selbstverständlich. Ich danke meinem Burn Out.

Mut zum Anderssein

Wenn Menschen lernen zu sich selbst und Ihren Gefühlen zu stehen, verändert sich die Welt wie von selbst, denn nun haben andere Menschen auch die Chance, dich richtig kennenzulernen.

Du bist mit verschiedenen Dingen ausgestattet, die Dich von anderen Menschen unterscheiden. Und das ist gut so. Solange Du nicht zu Dir, Deiner eigenen Wahrheit, Deinen eigenen Gefühlen stehst und diese auch preisgibst, wirst Du Dein Leben als Zufall erleben. Bist Du allerdings bereit, HINTER all diesem, MUTIG zu stehen und lernst Deine Gefühle im Streit nicht nur abwertend durch Angriff zum Ausdruck zu bringen.

Bist Du endlich dieser Mensch der zu sich selbst steht. Du wirst Dich nicht mehr selbst verleugnen. Du wirst Dich nicht mehr verschönern wollen. Du wirst Dir selbst zum Wichtigsten und bemerkst, dass Menschen die Dich mobben, ärgern, verändern wollen usw. Menschen sind, die in Wirklichkeit nicht mit sich selbst im REINEN sind und durch äußerliche Veränderung versuchen ein Mensch zu sein, der sich durch verbiegen in die Gesellschaft anpasst. Aber dadurch verändern sich die eigenen Gefühle nicht. Jeder Mensch bekommt die Möglichkeit GLÜCKLICH und ZUFRIEDEN zu sein, sobald er auf sein Herz und die Gefühle hört.

Wenn sich zwei Menschen begegnen, die sich nicht mehr verbiegen wollen und hinter der eigenen Wahrheit stehen, aber dennoch bereit sind sich zu verändern, dann werden zwei INNERE KINDER gemeinsam erwachsen.

Ich höre nun auf mein Herz und möchte Dir mitteilen, warum ich aufgehört habe so zu

sein wie alle anderen.

Auf der heutigen Welt gibt es Regeln ohne Ende. Aber hast Du Dich schon einmal gefragt, wer sich diese Regeln ausdenkt, oder vielmehr, was für einen Sinn diese haben? Ich kann heute sagen, dass die ganzen Regeln dafür da sind, dass keine neuen entstehen können.

Nehmen wir einmal die Grammatik. In der Schule lernen wir, wie Sätze aufgebaut werden. Aber wer sagt uns, dass Gott nicht will, dass in ein paar Jahren diese ganz anders ausschauen soll? Wie soll sich die Grammatik weiterentwickeln, wenn wir durch Regeln an diese gebunden sind? Ich kann mir sehr gut vorstellen, das Du beim lesen oft den Kopf geschüttelt hast oder durch Grinsen meine Rechtsschreibfehler wahrgenommen haben. Eine Prüfung dieses Buches auf Grammatik und Rechtschreibung hätte lediglich 300€ gekostet. Auch ist es echt schwer, Fehler mit dem heutigen Rechtsschreib Programm bewusst zu machen. Denn überall diese roten unterstrichenen Worte, machen es echt schwer falsch zu schreiben. Es ist fast unmöglich die eigene Wortwahl oder die eigene Satzstellung zu verwenden.

Aber weißt Du, warum ich diese nicht ausführen lassen habe?

Ich möchte anders sein.

Durch falsch geschriebene Sätze, die immer wieder im Buch versteckt sind konnte ich Dich zum schmunzeln bringen. Für mich ist es viel schöner Menschen zum Lachen zu bringen und systematisch Fehler zu begehen um dieses Lachen auszulösen als Dir ein Buch vorzulegen wie jedes andere. Für mich ist das lachen der Menschen um ein vielfaches wertvoller, als mich deshalb ans System zu halten.

Jetzt überlege Dir nur einmal, wie viel Menschen es gibt, deren Aufgabe darin besteht Texte auf Schreibfehler zu prüfen und diese anzustreichen. Ich möchte der letzte Mensch auf dieser Welt sein, der diesen Menschen Ihre Aufgabe wegnimmt. Auch findest Du Sätze in diesem Buch, da denkst Du mit Sicherheit, mein Gott was schreibt dieser für einen Müll. Aber weißt Du eigentlich wie schwer es ist, sich solche Sätze auszudenken? Auch verwende ich die beiden Charaktereigenschaften um zu schreiben. Und zum anderen verwende ich die Art des Opfers zu schreiben, denn bei dieser Satz Wahl ist es möglich, auch Emotionen zum Ausdruck zu bringen, was hingegen bei der direkten Art zu schreiben fast nicht möglich ist.

Für mich bedeutet Leben, anders zu sein. Ich möchte nicht mehr nach fremden Regeln leben. Ich möchte mir meine eigenen Regeln erstellen.

Regeln schränken nur ein

Natürlich sind sehr viele Regeln wichtig und auch richtig. Ich möchte nicht erreichen, dass jeder Auto fährt, wie er will. Was ich aber sagen will, wenn ich die Möglichkeit habe Dir durch Rechtsschreibfehlerx, oder eine dumme Satzwahl ein Lächeln zu schenken wäre ich blöd wenn ich das nicht machen würde.

Auch die Regeln wie mein Leben auszuschauen hat. Ich bin froh, heute nicht mehr von einer Vorstellung der Anderen angetrieben zu werden, denn was will ich mit einem Haus, wenn die Frau nie zu Hause ist? Warum bin ich verantwortlich, das Geld heran zu schaffen und der andere gibt dieses wieder aus? Ich, für mich sehe es heute als sehr wichtig an, dass Geben und Nehmen immer im Gleichgewicht sind. Denn aus meinen eigenen Beobachtungen führt dieses Ungleichgewicht immer wieder zu Problemen und Trennungen.

Ich mache heute alles, so wie ich es will.

Ich wünsche Dir, dass auch Du diesen Weg findest.

Wie man liebt, wird nicht gelehrt

Wir Menschen lehren alles auf dieser Welt. Über Mathematik, Geschichte, Religionen, Physik, Berufe uvm. aber nicht wie man liebt.

All dieses Wissen bekommen wir schon in der Schule beigebracht. Aber, wie man wirklich liebt, das lehrt uns keiner. Hier gehen die Menschen davon aus, dieses zu können. Wenn ein Mensch nicht lernt sich selbst zu lieben, wie soll er dann einen anderen Menschen wirklich lieben können? Wenn ein Mensch sich selbst nicht liebt oder genauso akzeptiert wie ihn seine Gefühle und sein Herz usw. formen, wie soll dieser Mensch dann in der Lage sein, den Gegenüber auch so stehen lassen zu können? Wenn jeder Mensch anfangen würde sich selbst genauso zu lieben wie er ist, würden sich die Menschen nicht mehr für die Gesellschaft verbiegen und hätten auch endlich die Möglichkeit durch ausgesprochene Ehrlichkeit, in dem Gegenüber einen Menschen zu finden, der gleiche Interessen, Ziele, Zeitfenster und Gefühle teilt.

Aber so lange Menschen nicht an die eigenen Wünsche usw. glauben, wird sich dieser Irrglauben der Weltanschauung, dem Massenbewusstsein anpassen. Jeder Mensch trägt in sich dieses Navigationsgerät, das jeden durch Zeitfenster, Wünsche, Ziele, Gefühle, usw. leiten will. Warum schenken die meisten nur dem Navigationssystem im PKW die Aufmerksamkeit und ignorieren den inneren individuellen Wegweiser? Weil sie GLAUBEN, dass die magnetische Anziehung der Menschen, die ihrem Gegensatz entsprechen, die große Liebe sein muss. Aber diese Liebe benötigt ZWEI Systeme, die sich gegenseitig ausfüllen. Keiner dieser Menschen glaubt wirklich an sich selbst. Beide Teile lieben den anderen mehr als sich selbst. Beide dieser Teile verbiegen sich für die Partnerschaft.

In dieser Liebe nehmen beide Teile aus dieser Beziehung heraus.

Ich selbst habe eine andere Art zu Lieben entdeckt, als ich endlich hinter mir, meinen Gefühlen, meinem Zeitfenster und den eigenen Wünschen gestanden habe. Beide Teile stehen, hinter sich selbst und brauchen niemand anderen, der dem anderen den Glauben an sich selbst vermittelt. Beide Teile haben die gleichen Wünsche und Ziele, sowie das gleiche Zeitfenster, Wünsche zu erreichen.

Hier bereichern beide Teile die Beziehung, da es beider Teile Herzenswünsche sind.

Unwahrheiten kommen sofort auf den Tisch, wenn beide zu Ihren Gefühlen und Erlebnissen stehen. Dadurch, dass beide Teile auch die verletzliche Seite zeigen, kann der andere Rücksicht nehmen und versteht die Reaktion des Partners.

Beide Teile wissen, dass zu jeder Zeit der gemeinsame Weg getrennt werden kann, deshalb lieben wir uns noch viel inniger. Es gibt diesen normalen Alltag, in dieser Art von Beziehung nicht.

Aber solange die Menschen in dieser Opfer & Täter Rolle fest hocken, kann sich diese Liebe nicht entwickeln. Erst wenn beide Teile die Selbstliebe entdeckt haben, beide Teile zu sich stehen und vor allem, erst wenn GEBEN & NEHMEN in der Beziehung im Gleichgewicht sind, ist diese Art von Liebe möglich.

Was ist die Liebe Gottes denn wirklich. Er liebt Dich sogar, wenn Du Dich von ihm abwendest. Dies tust Du in dem Moment, an dem Du nicht mehr an die Stimme Deines Herzens glaubst. Ab dem Moment wo Du Dich anderen anpasst und verbiegst, oder Dich durch Worte oder Taten besser machst als Du wirklich bist. Gott hat in jedes Herz, seine eigenen Wünsche eingepflanzt, die er durch jeden anders erreichen will. Folgst Du dieser Stimme in Deinem Herzen nicht, kannst Du zum Ersten nicht auf Dauer glücklich sein zum Zweiten musst Du Dich verändern um diese Stimme nicht mehr zu hören. Aber nur Deine eigenen Herzenswünsche können Dich glücklich machen. Diese kannst Du auch nur erreichen, wenn Du Dich nicht mehr verbiegst oder belügst. Denn erst wenn Du zu anderen, ganz ehrlich bist, haben Menschen die Möglichkeit Dich von Deiner wahrhaftigen Seite kennenzulernen. Und diese Seite ist aber die wichtigste für Dich. Willst Du Dich besser machen, wirst Du immer besser sein müssen.

Wie finde ich zurück auf meinen Weg

Auch hier gilt es zuerst, verstehen zu lernen, dass sich jeder Mensch in der momentanen Situation genau am richtigen Fleck befindet.

Durch das Unterbewusstsein oder den inneren Speicher, bedingt durch Erfahrungen, Glaubenssätzen und Erziehung erschafft jeder Mensch die passende Situation in seinem Leben. Ganz egal ob die Situation positiv oder negativ aussieht, sie wird durch unser eigenes Denken in die Wirklichkeit oder Leben befördert. Bedingt dadurch, dass in den meisten Köpfen sehr viel verschiedene Gedankengänge oder Programme parallel ablaufen, findet man anfänglich nur sehr schwer den Zugang zum eigenen Unterbewusstsein. Bevor die eigene Bestimmung oder der eigene Weg aber ans Licht kommen kann muss das derzeitige Denken verstanden werden.

Oft ergibt dieses Chaos der Gedanken einen Kurzschluss oder man sieht den Wald vor lauter Bäumen nicht. Aber nimmt man den Mut zusammen und beginnt mit den eigenen Gedanken zu arbeiten, kommt nach und nach die Lektion zum Vorschein. Denn oft ist das, was zuerst verstanden wird der Mangel, aber dies ist nicht die Lösung oder Ursprung die diesen hervorbringt.

Jeder Mensch denkt anders oder lernt in unterschiedlichen Geschwindigkeiten. Deshalb gibt es hier auch keine Formel, wie man schnellstmöglich das eigene Unterbewusstsein verstehen lernt. Auf jeden Fall sind die Gedanken, die am meisten gedacht werden der nächste Schlüssel um weiterzukommen. Am besten ist es daher man nimmt ein Blatt Papier und schreibt das auf was einen beschäftigt. Viele Leute verstehen nun den Sinn dahinter nicht und verdrängen die gedachten Gedanken wieder, was leider zur Folge hat das diese Lektion wiederholt werden muss. Da die Situation im eigenen Denken erschaffen worden ist und bisher als eigene Identität verstanden wird kommen immer wieder die gleichen Gedanken bis das fehlerhafte Denken und somit der Auslöser dieses Leidens erkannt und verändert wird.

Auch hier gibt es wieder die Dualität zwischen Gut und Schlecht.

In den meisten Fällen kann man nun im Gegenüber die Lösung des eigenen Problems finden wenn man das eigene System auf Lernen eingestellt hat. Fakt ist auf jeden Fall, die Situation ist nun im Leben und wurde durch irgendetwas zum Vorschein gebracht. Nun gilt es herauszufinden warum oder welches Denken diese ausgelöst hat. Sobald nun die Situation erkannt und verändert wurde, verschwindet auch der ständige Gedanke daran.

Und nun beschäftigt sich automatisch unser Speicher mit dem nächsten Programm, das überarbeitet werden soll. Durch ständiges Kreisen der Gedanken, werden wir immer wieder auf das hingewiesen, was an nächster Stelle abgearbeitet werden soll. Gott sei Dank, ist der Mensch momentan danach ausgerichtet immer nach dem Schlechten zu suchen, denn durch die schlecht gedachten Gedanken können nun alle negativen oder fehlerhaft laufenden Programme überarbeitet und neu installiert werden.

Man kann dieses auch wieder mit einem Computer und der Zwischenablage vergleichen. Dinge die erlebt wurden aber noch nicht verarbeitet befinden sich in der Zwischenablage unseres Gehirns und bilden somit das Unterbewusstsein. Bevor die Zwischenablage nicht angeschaut wird und ein Programm oder Lektion auf dem Hauptspeicher gespeichert wird, ist diese nicht wirklich richtig gesichert auch nicht richtig aktiv. Jedes mal, wenn man in den Zwischenspeicher schaut und denkt, irgendwann muss ich das noch erledigen, wird leider nichts an dieser unschönen Datei verändert. Aber daher stößt diese immer wieder sauer auf, sobald diese durch eine Situation ins Leben tritt. Wird sie aber erkannt und dementsprechend eine Lösung dafür gefunden, die Veränderung mit sich bringt, kann über die gleiche Situation, später erlebt, gelacht werden oder diese löst im Gegenüber nun die Lektion aus. Auf jeden Fall ist eine Lektion erst verarbeitet, wenn man dieser mit Leichtigkeit begegnen kann. Nun aber wieder zurück zum eigentlichen Weg.

Nach einer gewissen Zeit werden die eigenen Gedanken immer überschaubarer. Der Zwischenspeicher lehrt sich durch jede verstandene Situation immer weiter. Irgendwann kommt man an einem Zwischenziel an. Dieses gleicht der Leere im Gehirn und man stellt fest, dass man sich nach diesem Moment, seit der Kindheit sehnt. Der Zwischenspeicher ist nun komplett leer und abgearbeitet. Nun ist auf einmal der normale Alltag viel angenehmer, auch auf der Arbeit ist man nicht mehr gestresst. Man kann den Kopf bei der Sache lassen, die in diesem Moment da ist. Und schweift nicht mehr durch andere Sorgen, immer wieder vom eigentlichen Moment ab.

Man kommt im Hier und Jetzt an. Und von nun an, beginnen Wunder wahr zu werden, denn vieles was immer schwer war, wird auf einmal leicht. Sobald der Zwischenspeicher wieder frei verfügbar ist, fängt der Mensch an, sich wieder für Dinge zu interessieren die zuletzt in der Kindheit aktiv waren. Alles was an Gedanken zu dir kommt ist auch für dich bestimmt. Und es werden irgendwann Dinge geschehen, womit du niemals gerechnet hättest. Hätte mir jemand erzählt, dass ich ein Buch schreiben werde, hätte ich ihn ausgelacht. Aber dieses zu schreiben interessiert mich im Moment mehr als TV zu schauen. Ich habe dies auch nicht für möglich gehalten, aber dies zu tun, fesselt mich förmlich. Das Unterbewusstsein, weist jeden auf die eigene Schattenseite hin und sobald diese durch eine neue positivere Software eines anderen Menschen erkannt und installiert wird, verschwindet diese immer mehr aus dem eigenen Leben.

Wie kann das Leben verändert werden?

Sowohl unbewusst, als auch bewusst, brauchen wir Menschen einander.

Der tiefere Grund ist zwar deutlich anders, aber ohne Gegenüber gleichen wir einem Baum von vielen. Bäume haben keine Gefühle, weil diese keine Augen haben. Hätten wir Menschen keine Augen oder Mitmenschen die Gefühle oder Lektionen zum Vorschein bringen wäre das Leben der Menschen sehr langweilig. Des weiterem könnten sich die Menschen nicht weiterentwickeln, würden sie nicht auch negative Erfahrungen sammeln. Jeder Mensch hat das gleiche Ziel. Er soll erkennen, dass er etwas Besonderes ist und in jedem etwas schlummert, für das er sich mit vollstem Interesse aufopfern kann und dadurch die Zufriedenheit findet. Wenn jeder anfangen würde, die eigene Schattenseite durch Veränderung zu vertreiben, würde eine neue Generation der Menschheit heranwachsen, die kein Neid, Mangel usw. in sich trägt.

Würde jeder Mensch die Verantwortung für andere Mitmenschen abgeben und für sich selbst einstehen, sowie in guten oder schlechten Zeiten, würde dieser Machtkampf endlich ein Ende finden, denn wenn jeder weiß, dass der andere eigentlich gar nichts wegnehmen will, kann er den Menschen genauso akzeptieren wie dieser ist.

In dieser Welt könnten plötzlich alle mit Geld umgehen, weil sie von anderen lernen wie dieser Umgang funktioniert. Sie würden es nicht mehr annehmen und ausgeben, denn das, ist die eine Sache. Sie würden lernen wie man dieses selber verdient und wie mit diesem gehaushaltet wird. Dieser Mangel würde sich aufheben und dieser Mensch hat die Chance keinen weiteren

Menschen zu benötigen, der einen anderen Mangel in sich trägt. Somit würden sich zwei unterschiedliche Mängel nicht mehr gegenseitig auf verschieden Arten ausbeuten. Wenn jeder Mensch versteht, dass in jedem Denken, andere Erfahrungen stecken können, versucht jeder Mensch, genauestens die eigene Wahrheit und die eigenen Gefühle zu deuten und gibt dadurch dem Gegenüber die Chance den anderen verstehen zu können.

Würden alle Menschen zu ihren Gefühlen und Erfahrungen stehen, wären viele Streite oder Kriege nicht mehr nötig um einen Konflikt zu lösen, aber dadurch, dass die Menschen nicht bereit sind offen und ehrlich über die Gefühle zu sprechen, ist es ganz logisch, dass eine Weiterentwicklung erst bei einer Trennung erfolgen kann. Aber Menschen werden immer wieder von der eigenen Weiterentwicklung angetrieben. Die zuerst die eigenen Macken gelöst haben will, bevor man bei anderen die Fehler sucht. Dieser Antrieb nach der Wahrheit, die alle suchen, ist die Stimme GOTTES.

Ziele

Jeder Mensch auf dieser Welt braucht Ziele, auf die er hinarbeiten kann. Wenn Menschen keine neuen Ziele mehr haben, ergibt das Leben keinen Sinn mehr.

Hast Du Dich schon einmal gefragt, wie es sich als Rentner anfühlt oder welche Gedanken dann zu Dir kommen? Ich habe dieses hinterfragt und möchte Dir eine Unterhaltung zwischen mir und einem Rentner da lassen. Ich werde Dir eine Geschichte beschreiben, die Dein Denken vielleicht in Frage stellen wird. „Als Kind war mein Leben ein Wunder. Ich wollte sehr viele Ziele erreichen", sagte er zu mir. Ich fragte ihn „warum war dein Leben ein Wunder und ist es heute nicht mehr?"

„Bitte erzähl mir Deine Geschichte", sagte ich zu ihm:

Er erzählte voller Freude seine Geschichte. „Als Kind hatte ich Träume und Ziele die ich erreichen wollte. Ich wollte arbeiten für mein Zuhause sowie für die Familie. Im Job oder bei der Bundeswehr war ich sehr wichtig und wurde geschätzt. Ich habe eine wundervolle Frau geheiratet. Diese hat mir 3 tolle Kinder geschenkt. Wir bauten unser Haus wie in der eigenen Vorstellung. Danach hab ich sehnsüchtig gewartet, bis ich endlich die Rente erreichen sollte, denn danach sehnt sich doch jeder."

Nun aber glich das vorher lachend erzählende Gesicht, einer unglücklichen, lebendigen Leiche.

„Als die Rente eintraf, ging der Job und meine Kinder nahmen mir immer mehr die Verantwortung für mein eigenes Leben ab. Ich wurde nun immer mehr von allen Verpflichtungen befreit und darf heute gar nichts mehr machen. Sicherlich die Kinder meinen es gut, indem sie mir viele Dinge aus Dankbarkeit abnehmen, aber seit ich nichts mehr zu tun habe, werde ich alt und träge. Ich kann mich nicht mehr richtig bewegen. Meine Muskeln bauen sich ab. Mein Ziel des heutigen Tages ist morgens aufzustehen, um abends wieder schlafen zu gehen. Ich habe keine Aufgabe mehr, außer aufzustehen und wieder ins Bett zu gehen." Dieser Mensch sagte zu mir, „weißt du, wenn du kein Ziel mehr hast, das du erreichen willst oder darfst, kannst du dich auf nichts mehr freuen. Lieber würde ich meine Apfelbäume schneiden, dabei herunterfallen und sterben, als jeden Tag 24Std. auf mein letztes Ziel, den Tod zu warten. So lange ich Ziele hatte, musste ich nicht ständig an den Tod denken, aber Sie geben mir nicht mal die Chance, glücklich zu sterben. Als Kind konnte der Tod zu jederzeit kommen, aber ich habe nicht an ihn gedacht.

Heute muss ich den ganzen Tag auf diesen Moment warten. „Sonst habe ich nichts mehr."

Der Mann tat mir sehr leid. Er trug eine solche Trauer in sich. Eigentlich hatte ich einen Termin und musste gehen, aber als ich die Trauer in seinem Gesicht sah, konnte ich diesen nun nicht mehr alleine lassen. Ich versuchte ihm Mut zu machen, wobei ich ihn nun zugleich, auch verstehen konnte.

Ich bat ihn, genau dieses seinen Kindern zu erzählen und habe gesagt mit Sicherheit wollen das deine Kinder nicht erreichen.

Ein halbes Jahr später traf ich diesen Mann wieder. Er lief mit seinen Enkeln spazieren und man konnte ihm den Lebensmut in seinen strahlenden Augen ansehen. Als er mich erkannte lief er voller Freude auf mich zu, nahm mich in den Arm sagte mit Tränen in den Augen: „Danke. Unser Gespräch hat meinem Leben wieder einen Sinn gegeben." Die Kinder spielten auf einer Wiese und wir saßen auf einer Bank. Er erzählte mir eine neue Geschichte. Er sagte: „Unser Gespräch vor einem halben Jahr, hat mich sehr beschäftigt. Zwei Wochen danach, habe ich meinen Mut zusammengefasst und meine 3 Kinder an einen Tisch gebeten. Ich habe ihnen genau das erzählt, was ich dir erzählt habe. Meine Kinder brachen in Tränen aus und teilten mir mit, dass sie mir eigentlich nur das Leben erleichtern wollten und niemals daran gedacht hätten, was sie mir damit angetan haben. Er lachte und sagte zu mir. „Kannst dich noch erinnern, als ich sagte, wenn ich wenigstens meine Apfelbäume noch selber schneiden könnte?

Mein Gott war ich da lebensmüde." (Er lachte dabei wirklich aus ganzem Herzen) „Heute habe ich meine Enkel bei mir, darf sie bekochen. Helfe ihnen bei den Hausaufgaben und wir gehen fast täglich gemeinsam in die Natur." Er nahm mich wieder so herzlich in den Arm und sagte:

„Du hast meinem Leben wieder einen Sinn gegeben."

Ich weiß, ich bin nicht mehr der Jüngste, aber ich fühle mich 50 Jahre jünger, seit ich wieder eine Aufgabe habe. Heute warte ich nicht mehr täglich 24 Std. auf den Tod, sondern versuche noch so vieles zu erleben. Erst seit dem Gespräch mit meinen Kindern, habe ich die Möglichkeit irgendwann, wenn meine Zeit kommt, glücklich und erfüllt zu sterben.

Die Enkel schenken mir jeden Tag so viel Kraft, Lust usw. dass ich mittlerweile meine Kindheitsinteressen wieder verfolgen kann.

Es ist so schön, nicht mehr auf den Tod zu warten.

Es waren alles nur Missverständnisse, die jetzt ausgesprochen wurden und das Allerschönste daran ist, dass ich nicht nur Spaß mit meinen Enkeln habe, sondern auch noch meine eigenen Kinder unterstützen darf. Jetzt hat meine Rente endlich einen wirklichen Sinn bekommen.

Die Dritte Sicht

Fast alle Beobachtungen, der Menschen, die mich umgeben, suchen im Außen genau das was sie gerne wären.

Sie fühlen sich zu dem hingezogen wie ein Magnet und sehen durch ihre Augen alles spiegelverkehrt und somit das, was ihnen fehlt. Genau dieses bringt immer wieder Partnerschaften, Freundschaften usw. auseinander, denn der Mensch verändert sich immer wieder ganz von selbst. Durch die Zeit die miteinander verbracht wird, Passiert es irgendwann ganz von selbst. Man nimmt nun die Gestalt des gegenüber an und sofort ist die magnetische Wirkung weg, die einst eine sehr starke Verbindung war.

Sobald diese Lücke in einem System entdeckt wird und das bisherige Denken, Handeln oder Auftreten überdacht wird, installiert sich im Autopilot automatisch ein neues Update. Damit kann aber das Gegenüber in den meisten Fällen nichts mehr anfangen und stellt fest, nichts ist mehr wie es war. Stellt man sich nun nicht der Frage, warum alles anders ist, trennen sich die Wege der einzelnen Personengruppen. Da hier kein weiterer Wachstum des geistigen Computers mehr möglich ist. Jeder Mensch hat die eigenen Macken oder Zustände eines Virus der das eigene Leben regiert.

Wird das Betriebssystem nicht immer wieder nach Vieren durchsucht, wird sich immer wieder der gleiche Zustand wiederholen. Wie ein USB Stick, der über unsere Augen immer wieder Neues zu uns bringt, zeigt uns dieser genau oder immer wieder, wo die eigenen fehlerhaften Programme das Leben beeinträchtigen. Alle Systeme laufen eigenständig in der eigenen Realität die durch das innere Kind ständig verteidigt werden. Bringt man diesem aber bei, dass es hierbei auf nichts verzichten muss, sondern ihm dabei hilft erwachsen zu werden, verändert dieses, das eigene Denken und der Verstand und Ego werden von nun an, Neues im Leben zulassen.

Bringt man dem inneren Kind auf schonende Weise bei, dass immer wieder Dinge Passieren oder eintreffen, die sehr verletzend sein können, wird sich dieses auch Veränderung wünschen. Jetzt kann ein sehr machtvoller Vieren-Scanner installiert werden, der das eigene Denken oder Handeln in Frage stellt.

Das eigene Leben rückwärts betrachtet ergibt einen Sinn.

Alle gemachten Erfahrungen kommen nach und nach wieder in die Erinnerung. Selbst das Verdrängte kommt nach einer gewissen Zeit wieder zum Vorschein. Genau an dieser Stelle erkennt man immer wieder neue Software, die ein Update benötigt.

Man stellt fest, dass alle Systeme automatisch so lange ein fehlerhaftes fremdes, System benötigen, bis die eigenen Mängel erkannt und auf neuen Stand gebracht worden sind. Denn wirklich in fast allen Fällen benötigt man das Gegenteil von sich selbst. Nur so läuft das bisherige Denken fehlerfrei und im Autopilot weiter.

Wenn Du denkst, dass Du Deinen Partner brauchst um glücklich zu sein, dann ist dies ein sehr wichtiger Hinweis Deines inneren Kindes. Höchstwahrscheinlich hast Du dann Deine Dualseele als Partner gefunden. Wenn Dein Partner Deine eigenen Mängel stopft, fühlt sich der Mensch komplett, aber kann dennoch, nicht auf Dauer glücklich sein. Erst wenn Du erkennst, was Dein Partner anders macht als Du und diese Art in Dir selbst angenommen und aktiviert hast, kannst Du auch innerlich glücklich und zufrieden sein. Dann brauchst Du Deinen Partner nicht um erfüllt zu sein, sondern lernst die Momente zu schätzen, in denen Ihr zusammen seid. Die wahren Momente in einer Partnerschaft sollten niemals einen Alltag oder eine Selbstverständlichkeit aufweisen. Denn wenn beide Teile in Dir verankert sind, merkst Du, dass Du keinen anderen mehr benötigst, der Dich glücklich macht oder anerkennt. Würdest Du zu Dir selbst stehen, dann würdest Du eine Beziehung beenden, sobald der Alltag oder die Selbstverständlichkeit eintrifft.

Denn hier schätzen beide Teile den Moment, der vom Leben geschenkt wird.

Gegensätze ziehen sich an

Im Leben begegnet man immer wieder Menschen von denen man einfach fasziniert ist. Man kann nicht verstehen, warum dieser Mensch einen so aus der Bahn werfen kann.

Alles was zuvor war, ergibt auf einmal keinen Sinn mehr. Oft wird dieses Kribbeln im Bauch oder die verwirrten Gefühle als Liebe oder Verliebtheit missverstanden. Man fühlt sich hingezogen und kann einfach nicht widerstehen.

Dies nennt sich das Gesetz der Anziehung:

Die Anziehung dieser Person ist rein nur dafür da, um den eigenen Horizont zu erweitern. Diese Person hat etwas an sich, das man selber gerne sein möchte, oder verstehen möchte. Es gibt aber sehr viele solcher Menschen, die einem etwas Anziehendes mitteilen. Würde man mit jedem interessanten Menschen eine Partnerschaft oder Beziehung führen, würde es unendlich viele Jahre dauern, um alle dieser Eigenschaften kennenlernen zu können. Hier weist der eigene Computer lediglich auf etwas hin, das er gerne anwenden oder kennenlernen will. Hierbei wird leider oft missverstanden, dass man die alte Partnerschaft oder Freunde durch das neue Interesse in Frage stellt, oder vielmehr früher oder später verlässt, um die neue Faszination erleben zu können.

Wenn man aber an dieser Stelle die faszinierende Person genauer betrachtet und erkennt, dass es nur eine andere Art ist wie diese sich verhält, würde die Anziehung sofort nachlassen, wenn man verstanden hat was dieser Mensch hat, das ich selber noch nicht habe. Der Computer würde diese Software analysieren, installieren durch das eigene Vieren-Programm schieben, um erkennen zu können, was an diesem Mensch so anziehend ist und diese in die Anwendungsliste aufnehmen. Sobald das Programm durch erstmaliges Anwenden ins Unterbewusstsein verschwindet, ist mit sofortiger Wirkung auch diese magische Anziehung verschwunden. Hält diese Anziehung immer noch Stand, gibt es mit ziemlicher Wahrscheinlichkeit noch mehrere interessante Programme die angeschaut werden möchten.

Erkennt man an dieser Stelle nicht, dass es nur eine Art oder Programm ist, das selber erfahren werden will, wird immer wieder eine Trennung oder dieser unglückliche Zustand, das Leben einschränken. Man braucht nicht immer wieder von Vorne anfangen nur weil eine interessante Person ins Leben tritt. Diese hat lediglich aus einer Erfahrung gelernt und wendet eine andere Software an. Ob diese gut oder schlecht ist, kann man nur feststellen in dem man diese kopiert und selber testet. Diese Anziehung endet immer, wenn die jeweilige Erfahrung gemacht wurde, oder erkannt wird was an dieser Situation magisch war.

Ab diesem Punkt stoßen sich die

Gegensätze wieder ab.

Findet man allerdings einen Partner, dessen Denken der eigenen Wirklichkeit gleicht, ist die Entwicklung des eigenen Betriebssystems nicht aufzuhalten, sondern entwickelt sich um die doppelte Geschwindigkeit, da immer wieder über solche Begegnungen geredet und analysiert wird. Dadurch, dass jeder der beiden Teile über den Tag unterschiedliche Erfahrungen sammelt, finden beide Teile verschiedene anziehende Menschen, die etwas an sich haben, dass sie anzieht. Am Abend wird offen über diese Erlebnisse gesprochen und gemeinsam kann herausgefunden werden was an dieser Situation so magisch war. Nun hat einer diese Erfahrung gemacht und zu zweit kann man diese verstehen. Aber dadurch, dass beide Teile Aktiv den Tag verbracht haben bringen auch beide Teile verschiedene Erfahrungen mit nach Hause. somit können sich beide Teile an einem Tag das Doppelte in sich aufnehmen nur weil darüber gesprochen wird. Und für dieses ist aus meiner Sicht die Beziehung wirklich da. Um sich weiterzuentwickeln.

Es gehört nur etwas Mut zur Veränderung. Aber genau dies ist toll. Wer den Blick hebt, sieht keine Grenzen mehr. Verändere Dich selbst, genau zu dem was Du sein willst. Hab Mut zum Anderssein.

Sex und Fremdgehen

Sex ist auch immer wieder eines der berühmten Dramen der Beziehungskiste, aber auch hier werden die Weichen schon in der Kindheit gestellt.

Los geht es, bei der Anschauung wie oft Sex gelebt wird. Während der eine von Eltern erzogen wird, die einst vergewaltigt wurden und immer schlecht über Sex redeten, wird ein anderer erzogen, dass dies das Schönste ist was man mit dem Partner erleben kann. Hier entstehen oft die größten Missverständnisse. Der eine hat die Anschauung, Sex ist schön, während der andere automatisch denkt, so wenig wie möglich, denn Sex ist schlecht. Dies entstand nur, weil in der einen Familie immer wieder schlecht von Sex geredet wurde und das Kind dies in seiner Software so gespeichert hat. Wenn über dieses Thema nicht gesprochen wird, ist der sexliebende Teil irgendwann bitter enttäuscht oder nimmt es persönlich.

Ebenso sollte in einer Partnerschaft offen über Sex geredet werden. Der Partner kennt die Wünsche des Anderen nicht und kennt somit nur seine eigene Realität. Oft schleicht sich mit den Jahren der Alltag ein und es wird immer wieder der gleiche Sex ausgelebt, was zu einem unglücklichen Zustand führt. Man vergisst sehr oft, dass man einst mit dem Partner verrückte oder ausgefallene Dinge erlebt hat.

Manchmal geht dies sogar soweit, dass über die früheren Zeiten geschwärmt wird aber keiner der beiden Teile fällt ein, dass man genau dieses wieder tun kann.

Man hat doch noch immer den gleichen Partner.

Es muss doch nur einer damit anfangen.

Aber in der Realität wird meistens an dem Punkt wo man fest-stellt, dass das Sexleben eintönig geworden ist, dem Partner mit Vorwürfen begegnet. Jeder sucht die Schuld am Anderen und beide sind gekränkt. Aber wird dieser Punkt als neue Chance betrachtet, ist es doch ganz egal wer damit anfängt, aber man kann der Beziehung wieder den Schwung des Anfangs verlei-hen.

Deshalb ist das Fremdgehen auch immer häufiger geworden. An den eigen entstanden Problemen will man in der Regel nicht arbeiten. Und wie ganz oft ergeben sich sehr einfache Möglich-keiten am Arbeitsplatz oder auf Festen. Während zu Hause der Alltag wartet, ist auf ganz einfachem Weg der frische Kick da. Aber es ist doch nicht mehr, als der Kick, den man anfänglich auch mit seinem Partner gelebt hat. Meistens sind beide Teile daran schuld, dass dieser Alltag eintrifft. Wenn man lernt, offen über Sex und die Wünsche zu sprechen, kann man den anfäng-lichen Sex bis ins hohe Alter mit demselben Partner haben und hat nicht das Verlangen auszubrechen. Ebenso sollte Sex nicht als Druckmittel verwendet werden.

Oft missbrauchen Frauen den Vorteil, dass Männer immer wol-len. Setzen diese damit emotional unter Druck. Der Mann spielt dieses Spiel eine ganze Weile mit, ist er aber am Punkt ange-kommen nicht mehr dafür kämpfen zu wollen, schläft meistens das ganze Sexleben ein. Irgendwann im Leben, leiden Männer dann unter Potenzstörungen. Sie verlieren ihre Manneskraft.

Was ist das denn genau für eine Krankheit?

Die Männer verlieren lediglich die Geilheit, von der sie einst angetrieben wurden. Sie verlieren das Interesse daran, immer den Anfang zu machen oder vielmehr beim Sex nur dieses eine Gefühl in sich zu spüren. Nun verzweifeln viele Paare mit dieser Situation. Versuchen immer neue Mittel zur Potenzsteigerung.

Aber diese helfen auch nur eine kurze Zeit. An dieser Stelle gehen sehr viele Partnerschaften kaputt, aber genau an diesem Punkt kann der schönste Sex im Leben entstehen. Man muss sich hier nur auf das Neue einlassen, das das Leben bringt. Ein Mann gleicht nun einer Frau. Er will nicht mehr immer. Hier bekommt der Mann die Chance den Sex nicht mehr als Geilheit zu empfinden. Ebenso verliert dieser an Wichtigkeit des Mannes. Nun muss auch die Frau etwas dazu beisteuern, dass der Mann Sex haben will. Der Mann muss dieses Ziel nicht mehr erreichen. An dieser Stelle funktioniert auch gar nichts mehr wie es zuvor war, aber es lohnt sich, dieses herauszufinden.

Wenn man hier mit etwas Übung gemeinsam den Weg findet, kann der Mann eine ganz andere Art von Sex kennenlernen. Denn der Druck ist weg. Dies sind Total unterschiedliche Welten. Dieser Sex ist viel intimer. Auch erkundet Mann die Frau ganz anders. Die Faszination, dieser Art von Sex ist unbeschreiblich schön. Für Sex sollte man niemals kämpfen müssen.

Wenn die Liebe im Spiel ist sollte jeder der Partner dem anderen die Wünsche gerne erfüllen. Leider zeigt die Realität oft etwas ganz anderes. Ab diesem Zeitpunkt geben sich die meisten damit zufrieden, keinen Sex mehr zu haben, oder schieben es auf den anderen.

Es findet eine Streiterei statt, die bis zur Trennung führen kann. Aber es ist überhaupt nichts schlimm daran, als Mann endlich die Geilheit oder das Gefühl des ständigen Druckes zu verlieren. Es funktioniert auf einmal alles anders, aber es lohnt sich, dieses herauszufinden und ohne diesen Druck Sex zu haben. Ab diesem Zeitpunkt muss die Frau anfänglich viel mehr dafür tun, dass der Mann in Stimmung kommt, aber dafür wird diese durch eine ganz andere Art von Sex belohnt, wie sie zuvor nur selten erlebt hat.

Ich weiß es klingt wahnsinnig, aber was kostet es, genau dieses in einer Situation zu erkunden?

Gott und Glauben

Gott ist die REINE Wahrheit. Sobald die eigene Wahrheit durch eine weitere zur Wut führt entspricht etwas nicht der Realität. Werden beide Illusionen ausgesprochen, kann die dritte Sicht folgen. Dies ist die Sicht GOTTES.

Mythos Gott: Kannst Du Dich erinnern als ich schrieb, dass ich meinen Glauben verloren hatte?

Dies war das Beste was mir passieren konnte.

Denn dadurch hat mich Gott gefunden.

Mein früheres Leben entstand ganz allein, anhand meiner aner-zogenen Glaubensmuster. Alle meine vollbrachten Taten ent-standen aus meinem Verstand. Wäre ich in einer anderen Glau-bensgesellschaft aufgewachsen, hätte ich an diese Religion oder Bilder von Gott geglaubt. Das Leben hat mir gezeigt, dass ich dieses bisher nur als eine Illusion gelebt habe, denn alles was nun weg ist war nicht die Wahrheit. Aber was ist Gott den über-haupt?

Gott ist die REINE Wahrheit.

Immer wieder habe ich gesagt, Gott, wenn es dich denn wirklich gibt, dann hilf mir aus dieser Situation. Und er hat mir aus jeder einzelnen heraus geholfen.

Er hat mich aus jeglicher Unwahrheit befreit. Es tat sehr weh, diesen Irrglauben gehen zu lassen. Zusehen zu müssen, was alles aus einer Lüge entstanden ist. Aber als alles Falsche von mir gegangen war, konnte ich Gott wieder verstehen. Er lehrte mich, dass alles wofür ich einst gekämpft habe, gar nicht für mich bestimmt war. Ebenso weiß ich heute, dass die zehn Gebote absolut falsch verstanden werden. Wenn es geschrieben steht: „Du sollst keine anderen Götter neben Dir haben", soll man auch nicht fremde Glaubensmuster oder Religionen annehmen. Es ist die Stimme des eigenen Herzens. Durch diese kommuniziert Gott mit jedem einzelnen auf ganz unterschiedliche Art und Weise.

Gott ist in meinem Herz und nur dieses kennt meine eigene Wahrheit oder Wünsche.

Heute weiß ich, sobald mich etwas verletzt, ist es nicht gut für mich. Ich habe den Glauben an mich selbst zurück bekommen. Wie ich ihn als kleines Kind einst hatte, bis ich durch die Erziehung und Erfahrungen verbogen wurde. Ebenso habe ich die Lust zurück, immer neue Dinge zu versuchen. Und dieser Glaube versetzt Berge. Seit ich endlich wieder der Stimme in meinem Herzen vertraue, überschlägt sich mein Herz vor Freude. Auch weiß ich heute, dass Jesus oder wie sie alle heißen die gleichen Erfahrungen sammeln mussten, um Gott verstehen zu lernen. Oder hatten Eltern, die niemals versuchten das Leben zu lehren, denn nur wer niemals den Glauben an sich selber verloren hat, versteht das Wort Gottes richtig.

Spirituelle Bereiche.

Ich bin einen sehr weiten Weg gegangen, um zu dieser Wahrheit zu gelangen.

Ich habe spirituelle Ablöseprozesse, sowie immer wieder verschiedene Abstiegsphasen hinter mir. Mehrere Seminare im Web besucht um zu dieser Wahrheit zu finden, wie ich sie in diesem Buch niedergeschrieben habe. Ich habe viele Wege der sogenannten Gurus, Meister oder Bewusstseinsforscher hinter mir und muss leider mitteilen, dass sich immer noch sehr viele Täter auf diesem Gebiet bewegen. Dies ist aber auch eine wahnsinnige Möglichkeit, Menschen einen kleinen Funken Hoffnung, für große Preise bezahlen zu lassen. So lange ich ihren Rat befolgt habe bin ich nur sehr langsam voran gegangen und habe unendlich viele Bücher gelesen. Und immer wieder brauchte ich neues Wissen oder Material um mich weiterzubilden.

Ich war wie vernarrt, die neuen Begriffe zu erlernen und fühlte mich noch viel besser als die anderen, die das Wissen noch nicht haben. Immer wieder wird gepredigt man soll völlig im Hier und Jetzt ankommen. Dies ist auch völlig richtig, aber das Hier und Jetzt ist genau das, was vor unseren Augen ist.

Um dies zu erkennen habe ich mich von diesem Irrsinn leiten lassen.

Aber eines ist in der Spiritualität richtig. Ein Meister wird niemals teure Rituale oder Meditationen verkaufen. Ein Meister möchte nicht auf weitem Weg das Wissen verkaufen, sondern er möchte, dass dieses von vielen verstanden wird und die Welt zu etwas Besserem wird. Es gibt Leute die Dinge lernen oder verstehen wollen, die nicht auf die Erde gehören. Sollten diese erkannt werden, würden sie zu uns finden. Es dreht sich auf dem ganzen Weg nur um eines.

Zu erkennen das der Kampf der Geschlechter in der heutigen

Zeit von der Dualität in die Ganzheit (Trinität) finden will

Zusammenfassung

Wie wir nun in diesem Buch immer wieder verfolgen konnten, basiert alles auf unserem Ursprung.

Genau hier entsteht der Kampf um Anerkennung, Liebe und Leichtigkeit. Hätten wir in unserer Kindheit gelernt, dass wir gut sind, genau so wie wir sind oder ganz egal mit welchen Krankheiten wir leben, hätten wir niemals angefangen uns besser machen zu wollen als die anderen. Wir wären immer bedingungslos für uns selbst eingestanden. Würden Kinder die Waage zwischen Geben und Nehmen lernen, würde sich dieses Drama von Täter und Opfer auflösen.

Jeder könnte sich selbst lieben und würde sich für niemanden verbiegen.

An diesem Punkt bestünde sogar die Möglichkeit, dass jeder sofort merken würde, was in seinem Denken falsch läuft. Würde die Menschheit dieses Denken erlernen, könnte eine neue Gesellschaft entstehen und wirklich jeder müsste für sein eigenes Handeln die Verantwortung übernehmen und die Menschheit finge endlich wieder an, von anderen zu lernen. Ich möchte mit diesem Buch keinen Menschen verändern, lediglich einen weiteren Blickwinkel bezüglich des Lebens vermitteln.

Auch möchte ich darauf hinweisen, dass dies heute die Wahrheit ist, in der ich selbst lebe. Ebenso erwähne ich gerne noch einmal. Nun endlich ein glückliches Leben zu führen. Danken möchte ich an dieser Stelle, all denen, die mein bisheriges Leben so schwer gemacht haben, auch bin ich sehr dankbar für die beiden Krankheiten, durch die ich so rasant meine Rolle erkennen konnte. Heute ziehe ich Menschen in mein Umfeld, denen ich gleiche. Es konnte nichts Besseres passieren, dass Dinge, die auf falscher Realität aufgebaut waren, von mir gegangen sind.

Viel mehr bin ich froh darüber, dass die Lüge darin aufgedeckt wurde.

Danken möchte ich meiner Familie, denn hätte sie mich nicht unterstützt und mir die Zeit gegeben um genau dies alles begreifen zu lernen, hätte ich heute nicht die Möglichkeit mein Wissen zu erklären. Ich habe Probleme früher gehasst und bin diesen aus dem Weg gegangen, aber seit ich verstehen kann, dass diese nicht zufällig entstehen, habe ich gelernt diese zu lieben. Überzeuge Dich selbst von meiner Wahrheit, es kostet Dich nichts, außer Zeit, in der Du Deine Mitmenschen beobachten und verstehen lernst.

Mit diesem Wissen, kannst Du ebenfalls lernen, das Leben neu zu betrachten.

Beginne Dein NEUES Leben

Auf den bisherigen Seiten, habe ich Dir eine Software zur Veränderung Deines Lebens vorgestellt. Allerdings ist das theoretische Wissen nichts Wert, solange mit diesem neuen System nicht gearbeitet wird. Aus Deiner eigenen Rolle musst Du Dich selbst befreien.

Dies kannst Du nur erreichen, wenn Du Dich darauf einlassen kannst, dass Dein gegenüber Dein Lehrer ist. Ganz egal welcher Mensch Dir begegnet, es könnte sein er fasziniert oder tadelt Dich. Wenn man lernt den Tadel anzunehmen und genau diesen in Frage zu stellen, öffnen sich immer wieder neue Tore. Nicht jeder Tadel ist berechtigt, aber sehr oft sind wir uns gar nicht bewusst, wie wir auf andere Menschen wirken und nur diese können uns auf das eigene Fehlverhalten hinweisen. Lernt man mit dieser Kritik dankend umzugehen und dies ist wirklich möglich. Wehrt man diese nicht mehr ab und feuert zurück, sondern kann in einem Gespräch mit dem Gegenüber feststellen was im eigenen System falsch läuft.

Es gibt sehr viele Leute die mir als Lehrer dienen, aber ebenso diene auch ich sehr vielen als Lehrer, deshalb ist es sehr wichtig unterscheiden zu lernen, welche Tadel berechtigt sind und welche an der Wahrheit des anderen keine Berechtigung haben.

Ebenso bietet die neue Software die Möglichkeit für Veränderung oder Erweiterung des eigenen Horizontes. Eines ist sicher, kein Mensch will den anderen mit Absicht verletzen. Wenn ich heute etwas toll oder anziehend an einer Person finde, beobachte ich diese und lerne von ihnen genau diese Faszination. Früher sagt ich immer: Das bin ich nicht. Das kann ich nicht. Aber all diese Dinge lösten nur Neid in mir aus und haben mein Leben sehr beschränkt.

Seid ich die neue Software anwende, wehre ich diese nicht mehr mit obigen Sätzen ab, sondern versuche diese Art anzunehmen. Ich kopiere Körperhaltung, Stimme usw.

Ich gehe mittlerweile sogar soweit und spreche diese Leute auf die tolle Art an und frage diese, wie sie das genau machen. In den meisten Fällen passieren nun Wunder, denn die Leute reagieren ungewohnt freundlich und erzählen mit vollem Körpereinsatz die kleinsten Details. Früher war ich sehr neidisch auf diese Leute. Seit ich den Neid durch Lob ersetzt habe, lerne ich so rasant wie nie zuvor. Ebenso dreht sich meistens der Spieß im gleichen Gespräch um 180 Grad und die Leute auf die ich einst neidisch war finden eine andere Art die von mir ausgeht faszinierend und interessant. Oft entsteht aus diesen lobenden Worten beiderseits, später noch ein viel interessanteres Gespräch, denn wenn beide merken, das Gegenüber will eigentlich gar nichts böses, weist man relativ schnell auch auf die Macken oder Illusionen des jeweilig anderen hin.

In diesem Gespräch entstehen aus zwei verschiedenen Meinungen eine weitere. Sind nun beide bereit die Meinungen in Frage zu stellen, findet man gemeinsam die Wahrheit. Denn oft verteidigt das innere Kind eine Kritik und ist nicht bereit zu verhandeln, wenn die Macken aus einem Streit heraus verwendet werden, um den anderen zu verletzen.

Und genau hier entsteht die REINE WAHRHEIT

Eine Veränderung am eigenen Charakter bringt aber auch immer Verwunderung im eigenen Umfeld mit sich. Denn dieses kennt sie mit Ihren Macken und ist es nicht gewohnt, wenn sich Ihr

Auftreten verändert. Meistens ist es so, dass ihr Umfeld genau diese Löcher stopft, in denen Ihre Schwächen liegen.

Ich möchte dies kurz erklären: Wenn Du zum Beispiel bisher nicht reden konntest und nun durch Dein Umfeld diesen Mangel festgestellt haben wirst Du, nach kurzer Zeit der Beobachtung, selbst den Drang verspüren zu reden, oder auch ab und zu den Ton angeben zu wollen. Dein bisheriges Umfeld ist dieses aber nicht gewohnt von Dir und stellt fest, dass etwas nicht stimmt und versucht Dich wieder in die alte Rolle zu schieben. Du hast nun durch das Gegenüber gelernt, dass Dein Mangel die direkte Aussprache war und diesen durch kopieren des Umfeldes, in Dir selbst aktiviert hast, wogegen nun die andere Seite ihren Mangel gespiegelt bekommt.

An dieser Stelle wenden sich leider sehr oft, viele Leute ab, sobald sie mit einer neuen Situation konfrontiert werden. Wenn Du an dieser Stelle aber das Gegenüber aufklärst, was mit Dir geschehen ist, oder warum Du Dich verändert hast, besteht eine hohe Chance, dass Freundeskreise oder Beziehungen diese neue Situation überstehen und über sich hinaus wachsen können.

Das wichtigste Werkzeug ist, sich mitzuteilen.

Auf keinen Fall sollte die eigene Wahrheit verbogen werden, denn nur dadurch kommen die eigenen Macken ans Licht und können positiv im System verändert und als neue Wahrheit abgespeichert werden. Ebenso ist es aber auch möglich, dass sich nun das eine oder andere trennen muss. Wenn nicht beide erkennen, was gerade passiert oder durch eigenes festgefahrenes Denken noch immer im Drama festsitzt dann muss dieser leider die gleiche Erfahrung noch einmal sammeln. Denn eines hast Du sicher schon oft am eigenen Leib erfahren, dass sehr oft die gleichen oder ähnlichen Situationen zu Dir kommen und

Schmerz verbreiten.

In diesen Fällen muss losgelassen werden.

Hier kannst Du nur noch eines tun. Verschenke genau solche Bücher Lektüren usw. aus denen Dein Denken entstanden ist. Vielleicht besteht irgendwann die Möglichkeit wieder den gleichen Softwarestand zu erreichen. Nur wenn es Dir gut geht, kannst Du wirklich für andere da sein.

Schlüssel Kapitel

Es gibt sehr viele Ratgeber, die HELFEN wollen das eigene Leben zu verbessern.

Ich selbst habe sehr viele dieser Ratgeber gelesen und dieses Wissen auch anzuwenden versucht. Nur selten haben diese Veränderungen aber auch wirklich das gehalten, was Sie versprochen haben. Vielmehr war es sehr oft so, dass ich das Denken dieser Leute nicht verstehen konnte. Wie gefesselt habe ich immer mehr Wissen dieser Menschen in mich hinein gezogen, was hohe Kosten verursachte, die mich in meiner derzeitigen Situation noch mehr eingeschränkt haben. Meine eigene Rolle die ich im Leben gespielt habe hat mich automatisch zu diesen überzeugenden Menschen geführt. Durch die vielen neuen Veränderungen, oder den Glauben, den mir andere gegeben hatten, wurde alles noch schlimmer, denn noch immer wusste ich nicht was ich unbewusst anziehe.

Mal angenommen Du opferst Dich für Deinen Partner auf, verzichtest auf Deine eigenen Wünsche und Träume. Dies war zumindest bei mir immer der Fall, dass ich nur Menschen in mein Umfeld gezogen habe die immer alle Wünsche erfüllt bekommen haben. Ihr Denken funktionierte Spiegelverkehrt zu meinem. Diese Menschen denken, dass die Welt sehr einfach ist, merken aber nicht, dass sie somit andere ausbeuten. Sowohl ich, wie meine Partner oder Freunde haben diese Rolle gespielt, die sie vom Leben bestätigt bekommen haben. Menschen die schon in der Kindheit nicht für eigene Ziele kämpfen mussten, sehen es als selbstverständlich und richtig, alles geschenkt zu bekommen. Andere Menschen mussten schon in der Kindheit auf sehr viel verzichten und sehen diese Rolle als selbstverständlich an.

Die DUALITÄT der Menschen ist ein wesentlicher Teil dieses Rollenspiels.

Erst als ich in meiner Vergangenheit gesucht habe, was bislang mein Leben regiert hat, konnte ich feststellen, welchen der beiden Charaktereigenschaften ich verkörperte. Ich werde deshalb kein Ratgeber über mich, oder meine Erfahrungen und Erkenntnisse der Weltanschauung schreiben, denn ich möchte Dich nicht verändern.

Ich habe mich verändert und kann sagen, dass die Weichen für mich richtig gestellt sind.

Der Schlüssel für jeden einzelnen Menschen liegt im derzeitigen Umfeld sowie der eigenen Vergangenheit. Erst wenn Du weißt, wer Du wirklich bist, beide Teile unterscheiden kannst, hast Du die Möglichkeit für wahrhaftige bewusste Veränderung in Deinem Leben. Aus eigener Erfahrung weiß ich, dass es nicht einfach ist, wenn man sich mit solchen Fragen beschäftigt. Auch weiß ich, dass viele Bekannte aus meinem früheren Umfeld heute nicht mehr zu mir passen.

Aber ich weiß auch, dass fast alle in meinem früheren Umfeld genau das Gegenteil von mir selbst waren. Diese Menschen brauchte ich, um erkennen zu können, was ich selbst nicht bin. Mit Sicherheit könnte ich heute 3-4 weitere Bücher schreiben um mitzuteilen, was mich selbst weitergebracht hat. Diese Bücher könnte ich mit der gleichen Überzeugung schreiben wie es viele Ratgeber tun.

Aber das hier habe ich erlebt und es ist mein Leben und meine eigene

Weltanschauung.

Ich möchte Deinem Leben keine Richtung geben. Auch wenn es sehr viele Menschen gibt, die sagen ich habe mir diese Rolle für dieses Leben herausgesucht. Dies ist evtl. auch richtig, aber hier geht es um die Erfahrung die Du machen sollst. Wenn diese gemacht ist, steht einem Leben mit den eigenen Wünschen nichts mehr im Weg. Fast jeder Mensch auf dieser Erde spielt derzeit in diesem Rollenspiel mit. Aber jeder einzelne kann sich selbst in seiner Vergangenheit finden.

Ich vertrete die Meinung, dass wirklich jeder Mensch auf der Erde das gleiche Glück verdient.

Auch ist es meine eigene Wahrheit Menschen mit meinem jetzigen Wissen nicht in eine Abhängigkeit zu treiben, was mir finanziellen Wohlstand versprechen würde, sondern meinen eigenen Weg so deutlich wie möglich niederzuschreiben und durch dieses eine Buch erklären zu können, wie die eigene Rolle im Leben entstanden ist.

Es liegt mir am Herzen dieses Wissen nun kostengünstig und für jeden erschwinglich zu verbreiten da mir dieser Weg viel zu überteuert und zu schwer begegnet ist. Auf jeden Fall ist eines sicher, der Schlüssel liegt in Deiner Vergangenheit. Ich habe nun genau erklärt wie ich zu diesem Schlüssel gefunden habe.

Nimm Dir etwas ZEIT für Dich und Dein Herz.

Schaue auch schmerzhafte Situationen in Deinem Leben an, denn diese wahren meine lehrreichsten Lektionen.

Das Leben ist viel zu kurz um in einer Rolle fest zu hocken.

Würden Kinder in dieser Welt von Ihren Eltern lernen, dass sie sich und Ihre Herzenswünsche selber lieben müssen (können). Dass es die eigenen Wünsche sind, die jeder auch selbst erreichen sollte, oder vielmehr, dass Kinder perfekt sind, genauso wie sie sind, würde sich kein Mensch auf dieser Welt verbiegen. In unseren Herzen liegen die Schlüssel um wirklich jeden glücklich zu machen. Gott oder das Universum, hat Wünsche in unser Herz gelegt, nur leider denken wir Menschen durch unsere Erziehung, dass wir hier auf der Erde sind um zu verzichten. Aber wirklich fast jeder Mensch auf dieser Erde, tut etwas, was er niemals lieben kann, weil er sich an dieses Massenbewusstsein klammert. Ich hätte Euch noch vor 6 Monaten ausgelacht, hätte jemand zu mir gesagt ich schreibe irgendwann mal ein Buch. Eigentlich dachte ich immer, ich bin der Typ fürs harte Leben. Zumindest wurde mir das so beigebracht. Aber die Zeit, die ich nun in dieses Buch gesteckt habe, ist unermesslich groß. Ich habe sogar soviel Zeit in dieses investiert, dass ich die Stunden nicht mehr aufzählen kann. Aber ich weiß eines. In den Nächten an denen ich durchgeschrieben habe, oder die Tage und Abende, an denen meine Gedanken ständig um dieses Buch kreisten.

War ich GLÜCKLICH und habe dafür gerne auf das Fernsehen, Partys oder ähnliches verzichtet.

Die Zeit, die ich in dieses Buch gesteckt habe, hat mich sehr glücklich und zufrieden gemacht. In dieser Zeit hätte ich keine Faszination für andere Dinge aufbringen können, denn dies war ein Wunsch von meinem Herzen. Ich kann mich noch genau an den Anfang erinnern, als ich mir noch sehr schwer damit getan habe zu schreiben. Immer wieder habe ich aufgehört, oder bin nicht mehr weitergekommen. Aber die Gedanken zogen mich immer wieder zurück an meinen PC, dass ich nicht aufhören konnte zu schreiben. Auf jeden Fall stehe ich hinter diesen Sätzen, mit meinem Glauben, weil ich glücklich bin, mit dem was ich mache. Ich kann mir nicht vorstellen, dass Gott oder das Universum will, dass ein Mensch unglücklich ist. Dies sagt mir, dass ich, für mich, auf dem richtigen Weg bin. Was für Dich der richtige Weg ist, kann niemand anderes sagen, denn wer sollte denn Wissen was genau Du brauchst um glücklich zu sein?

Höre auf die Stimme in Deinem Herzen.

GLAUBE fest an diese Wünsche und mache diese zu Deinen Zielen.

Stehe zu Deinen Wünschen und gehe auf diese zu.

Von selbst werden keine Wünsche wahr.

Vertraue Dir und Deinem Herzen.

Mein Herzenswunsch war es, dieses Buch zu schreiben. Aber dieser Wunsch konnte erst realisiert werden, als ich angefangen habe zu schreiben. Hätte ich diesen Wunsch als Täter verfolgt, hätte ich mir jemand gesucht, der mir dieses Buch geschrieben hätte und ich hätte keine Arbeit damit gehabt. Aber weder ich, noch das Opfer, wären damit glücklich gewesen. Denn es war mein eigener Wunsch dieses Buch zu schreiben. Nicht nur der Wunsch, sondern auch die Erfüllung ist es, die Dich glücklich macht. Mit meinem Buch wollte ich sehr lange nicht in die Öffentlichkeit. Auch habe ich dieses nicht geschrieben um damit Geld zu verdienen. Es ist ganz egal, wie oft sich dieses nun verkaufen lässt. Für mich persönlich ist dieses Buch ein Bestseller. Wissen Sie warum? Weil mich dieses Buch in jeder Sekunde, als ich geschrieben habe, Glücklich, Erfüllt und Zufrieden gestellt hat.

Der Weg ist das Ziel.

Ich wünsche Dir das Beste für Dein Leben.

Höre auf das, was Dein Herz Dir sagt

und GLAUBE fest daran.

Bestimmung

Jeder Mensch hat eine Bestimmung. Oft wird durch das erzieherische Bild der Eltern, diese vergessen.

Die wahre Bestimmung jedes einzelnen Menschen wird oft schon in der Kindheit durch das Bild der Umgebung/Mitmenschen getrübt. Aber jeder Mensch kommt aus irgendeinem Grund auf die Welt. Wählen die Menschen nun den Beruf aufgrund des Bildes vom Geld, ist es nicht möglich dauerhaft glücklich zu werden, denn selbst mit genügend Geld sind die wahren Herzenswünsche nicht erreichbar, wenn man das Geld mit einer Art von Arbeit verdient, die nicht glücklich macht. Jeder Mensch besitzt Talente, Interessen und Wegweiser, wohin es eigentlich gehen soll. Genau diese Dinge sind aber die wahren Stärken jedes Menschen, denn was gibt es schöneres, als das Beruflich zu tun was man liebt. Wenn Du Dich in Deiner Freizeit freiwillig mit Deiner Arbeit vergnügen kannst, steht Dir alles Glück der Welt zur Verfügung, weil Du dann genau das tust, für das Du eigentlich hier auf der Erde bist. Oft sind es genau diese Dinge die als Hobbys oder ähnliches in der Freizeit gelebt werden. Würde zum Beispiel ein leidenschaftlicher Motorradfahrer beruflich mit Motorrädern zu tun haben, würde dieser selbst in seiner Freizeit und sogar mit Eifer diesen Job verfolgen. Er würde diesen Job lieben. Und genauso ist es mit jedem einzelnen Beruf.

Wählst Du aber einen Beruf, für den Du Dich nur auf dem Konto begeistern kannst, wirst Du dir sehr schwer tun, genau in diesem Beruf glücklich, erfüllt und anerkannt zu werden. Aber es sind genau diese Dinge, die Dir das Glück, Geld und Deine Träume näher bringen sollen, denn dafür bist Du gemacht und nur deshalb hast Du diese Herzenswünsche oder Ziele, die Dir die Richtung Deines Lebens geben sollen.

Es liegt an Dir, ob Du jeden Tag glücklich oder unglücklich sein willst, denn kein anderer Mensch auf dieser Welt, kann Dir einen Rat geben, was für Dich am besten ist. Dies ist auch kein Fake, denn ich habe genau dieses Bild des Lebens als normaler Mensch mit dem Streben nach Geld, Liebe, Anerkennung usw. gelebt, bis ich irgendwann eine neue Richtung in meinem Leben eingeschlagen habe.

Fakt ist, Deine Bestimmung auf der Erde sind Deine Interessen. Ignorierst Du diese wirst Du genau dies vermissen, so lange bis Du diesen Weg gehst. Aus eigener Erfahrung hört das Sehnen nach diesen Dingen auf, sobald Du auf diesem Weg bist. Jetzt echt mal Spaß bei Seite, aber seit ich das mache, was ich mir eigentlich wirklich von Herzen wünsche, bin ich nicht nur glücklich und erfüllt sondern verdiene mit dem was ich liebe auch noch mehr Geld als ich mir in meinem alten Beruf erträumt hätte. Es liegt an Dir, wann Du zu Dir und Deinen Wünschen stehst. Ich kann Dir nur raten, diese Veränderung zu durchleben. Es lohnt sich.

Menschen helfen Menschen.

In meinen Augen ist es wichtig, mit dem eigenen Wissen nicht zu geizig umzugehen. Jeder Mensch auf dieser Welt, hat das gleiche Recht auf ein glückliches und erfülltes Leben, wie wir alle. Selbstverständlich können Menschen mit mehr Geld, teure Vorträge oder ähnliches besuchen, um auf dem eigenen Weg weiterzukommen. Aber es ist hier umso wichtiger dieses Wissen den Menschen weiterzugeben, die sich diese Vorträge nicht leisten können.

Kein Mensch macht sich zu etwas besserem, indem er anderen Menschen Wissen vorenthält oder denkt etwas Besseres zu sein. Sicherlich ist es nicht richtig, einem Bettler Geld zu geben, denn so lange dieses funktioniert, wird sich dieser keine Gedanken darüber machen, etwas zu verändern. Aber zeigt man einem Bettler einen anderen Weg, hat auch dieser die Möglichkeit über sich hinauszuwachsen.

Meditation

Die meisten Menschen möchten das Meditieren erlernen, dabei vergessen sie, dass sie dies unbewusst schon lange machen.

Was genau ist Meditation: Es ist schon echt komisch, aber als ich auf meinem Leidensweg zum ersten mal über diesen Begriff gestolpert bin, habe ich mich immer mehr im Internet über diese neue tolle Möglichkeit erfreut, mein Leben in den Griff zu bekommen. Es gibt mittlerweile so viele ganz unterschiedliche Arten zu meditieren. Ich dachte zuerst, nur die Dinge die auch Geld kosten sind vielversprechend. Also befasste ich mich mit Meditation s Zentren usw. Durch verschiedene Töne oder Räume, sowie Räucherstäbchen sollte mein Innerstes zum Vorschein kommen.

Ich habe wirklich gefühlte 1000 Möglichkeiten ausprobiert und bin dennoch nicht am Ziel angekommen. Aber ich war in meiner Opfer, Rolle noch immer gefangen und hab daher sehr viel Geld für Meditationen bezahlt und wusste nicht einmal, was dieses den wirklich ist. Aber es war mir egal, denn fast alle versprachen mir positive Veränderung am eigenen Leben. Der glückliche Moment in meinem Leben war daher, als ich beschlossen hatte, diesen Weg nicht weiter zu verfolgen. Als ich mich zurück zog und mit meinen Gedanken ganz allein war, öffnete sich mir der Weg zu Meditation.

Zuvor wurde ich immer abgelenkt, weil ich mich auf Orte konzentrierte, oder den Rauch von Räucherstäbchen versuchte ich zu beschnuppern. Aber am meisten hat mich die Klangtherapie vom eigentlichen Ziel entfernt. Bei den ganzen Arten der Meditation geht es nur um eines, dass Du Dich an einem ruhigen Platz mit deinen eigenen Gedanken befasst. Ich merkte nicht, dass ich zu jederzeit meditierte. Ich machte mir Gedanken über Gerüche, Töne, Orte usw. aber ich machte mir keine Gedanken über Dinge die mich eigentlich beschäftigen. Bei der Meditation geht es darum, an einem ruhigen Ort zu sitzen, am besten die Augen zu schließen um nicht abgelenkt zu werden und abzuwarten welche Gedanken Dich nun beschäftigen. Anfänglich macht es einen großen Sinn diese aufzuschreiben und diese Liste nacheinander abzuarbeiten, weil zumindest bei mir 1000 Gedanken durch den Kopf geschossen sind. Heute meditiere ich täglich, es zählt zu den wichtigsten Teilen in meinem Leben. Aber würde ich nun jedes mal ein Zentrum besuchen, oder eine Pilgerreise starten wäre es zum Ersten unbezahlbar und zum Zweiten würden mich die Orte ablenken. Deine Gedanken sind pure Meditation, wenn sich diese immer auf der Arbeit befinden, weißt Du, um was sich Dein Leben dreht. Aber lass doch auch einmal andere Gedanken zu und lenke Dich nicht ab.

Ich kann Dir nur dazu raten, diesen Weg zu gehen. Auch ist es sehr wichtig für Dich, schlechte Gedanken zuzulassen. Diese hat jeder Mensch. Befasse Dich mit Deinem Schicksal und befreie Dich selbst von alten Glaubensmustern. Nimm dir täglich etwas Zeit für Dich allein und setz Dich mit Deinen Gedanken auseinander und Du wirst merken, es kommen immer neue auf Dich zu. Stelle Dir die Fragen anders herum, als es ein Therapeut tut, indem Du zuerst Deine Gedanken auf ein Blatt Papier bringst und Dich anschließend fragst, warum kommen diese Gedanken zu mir, oder was hat genau diese Situation in Deinem Leben ausgelöst. Das was Du denkst, denkt kein anderer, deshalb stell Dir Fragen zu Deinen eigenen Gedanken.

Gib Dir etwas Zeit, halte die Augen offen und Du wirst genau zu diesem Thema eine Situation im Leben finden, in der Du die Antwort auf diese Frage bekommst. Nichts passiert Dir zufällig im Leben. Selbst der Tod eines geliebten Menschen wird kommen. Stelle Dir lieber die Frage, ob Du die Zeit in der dieser geliebte Mensch noch auf der Erde war ausgiebig erlebt hast. Denn so sicher wie Deine Gedanken, kommt auch irgendwann Dein

Tod. Du brauchst auch keine Angst vor diesem zu haben, hab lieber Angst davor, nur einen Moment deines Lebens verschenkt zu haben.

Meditation sind Deine Gedanken.

Meditation sind Deine Worte, denn diese musst Du dir zuerst ausdenken bevor du sprichst.

Über den Autor

Ich bin ein Mensch, wie jeder andere auf dieser Welt, der sich Glück, Friede und Zufriedenheit wünscht.

Ich bin heute ein Mensch, der sich ohne Maske in der Öffentlichkeit zeigt. Ohne wenn und aber stehe ich bedingungslos zu mir, meinen Wünschen und Zielen und vor allem teile ich meine Gefühle mit, wenn andere mich verletzen, auch zeige ich aber meine Freude. Ich versuche mich nicht besser zu machen als ich bin. Ich bin ehrlich zu mir selbst, denn ich weiß, wenn ich mich bei anderen gebe, wie ich eigentlich nicht bin nur um Anerkennung zu ernten muss ich dieses Bild deren Leute die ich angelogen habe ständig aufrecht halten. Ich weiß, wenn ich mich und meine Wahrheit verbiege oder verdrehe, dass ich einen Mensch vorstelle, der ich eigentlich gar nicht bin. Ich weiß auch, wenn ich das tue, verdränge ich mich und meine eigene Persönlichkeit. Ich weiß dass das eigene Bild, wie mein Leben auszusehen hat auf Grund des Massenbewusstsein entstanden ist, aber die Beobachtungen der Massen sagen mir deutlich, dass es nur sehr wenig Menschen gibt, die ihr Leben glücklich und erfüllt genießen. Seit ich aber meinen Weg nach meinen Wünschen, Musikrichtungen, Religionen usw. auch nach außen vertrete, stelle ich fest, dass sich diese von mir abwenden, deren Interessen mit den meinen nicht übereinstimmen, aber neue Menschen in mein Umfeld finden, die diese teilen. Seit ich mit diesen Menschen zu tun habe, muss sich keiner verbiegen oder Musik hören, die dem anderen Ohrenkrebs bringen. Ich habe Freunde an der Seite, deren Hobbys den meinen gleichen. Ich habe viel weniger Menschen an meiner Seite, aber dafür sind dies Leute, bei denen ich zu jeder Sekunde ICH SELBST sein kann. Auch lebe ich heute in einer ganz eigenen Zeitzone. Wenn ich vor dem TV liege und mich Action Filme anziehen weiß ich, dass ich mir in meinem eigenen Leben, momentan mehr Action wünsche. Dann gehe ich in einen Hochseilgarten, besuche Feste oder mache andere Dinge, die meine Wünsche erfüllen. Wenn ich dann wieder von einer Liebeskomödie verfolgt werde, weiß ich, dass ich mir mehr Nähe in diesem Moment wünsche. Meine Gefühle, oder meine Interessen zeigen mir zu jeder Zeit, was ich genau brauche um glücklich zu sein, denn eines ist sicher, der ständige Alltag macht mich unglücklich. Je ehrlicher ich zu mir selber bin und hier meine ich das was auch mich selbst ausmacht, desto mehr haben auch andere Menschen die Möglichkeit, mein wahres ICH kennenzulernen. Und diese Menschen, die sich dann immer noch für mich interessieren, haben wahres Interesse an mir und teilen meist die gleichen Dinge. Hier muss keiner mehr auf etwas für den anderen verzichten. Und das ist ein tolles Leben. Ich könnte nun meine eigene Geschichte in unterschiedlichste Romane verpacken und alle würden verkauft werden, denn wie Du verfolgen konntest, hat mich zuerst das Schicksal begleitet, was ein sehr schweres Leben mit sich gebracht hat und nun lebe ich ein Leben, das einem Wunder gleicht. Zu jeder Zeit bin ich glücklich, seit ich mir und meinem Herz mit Anerkennung und Liebe begegne. Ich verzichte auf gar nichts mehr und kann zu jeder Zeit so sein, dass ich wirklich glücklich bin. Nehmen wir die Zutaten meines alten Lebens voller Schicksalsschläge, erzählen dieses haargenau in Figuren wie Vampire, Hexen, Tribute oder ähnlichem, kann ich die gleiche Geschichte, in unterschiedliche Interessensbereiche der Menschen zum Erfolg bringen. Durch unterschiedliche Figuren zum Beispiel Drachen oder Helden, gute Hexen oder schlechte Hexen, Magie oder Zauberkräfte könnte ich spezielles Publikum für meine Geschichte begeistern und weißt Du warum? Weil nur wenige Menschen die Dualität verstehen können. Aber ich hoffe, dass Du sie nun auch verstehen kannst. Aber ich möchte Deine Sehnsüchte nicht durch eine Geschichte für kurze Zeit zufrieden stellen, denn sobald Dich Dein wahres Leben wieder einholt, vermisst Du genau dieses schon wieder.

Ich möchte Dir deshalb erklären, dass fast alle Geschichten oder Erfahrungen, zuerst gemacht worden sind, bevor ein Buch niedergeschrieben werden kann. Nur durch unterschiedliche Figuren verschleiert, bekommt die eigene Sehnsucht oder Geschichte des Autors in den meisten Fällen einen Sinn. Aber ganz egal ob Hexen, Vampire, Drachen, oder sonstige Wesen, fast alle sind auf der Dualität des Menschseins aufgebaut. Jeder Mensch auf der Erde will sich eigentlich nicht verbiegen und tut dies, weil er es nicht besser weiß. Ich bin mir gut genug und möchte niemandem etwas beweisen. Ich schenke mir die Anerkennung selbst, die ich früher immer von anderen bekommen habe. Ich bin Ich und das ist gut so. Ich mache Fehler, um andere zum Lachen zu bringen. Ich LIEBE es in lachende Gesichter zu blicken. Ich freue mich jedes mal wenn mir ein Mensch begegnet, der mir neue Macken aufzeigt und ich mich neu orientieren kann und sage heute von ganzem Herzen Danke, an alle die mir mit ihrer Wahrheit einen neuen Weg aufzeigen wollen. Ob ich diesen gehen mag entscheide ich sobald ich weiß ob dieser auch Sinn macht. Aber so lange der Mensch so sehr an alten Sitten und Gebräuchen festhält, kann keine Veränderung ins Leben treten. Aber genau diese ist so wichtig. Wie soll sich eine Sprache der heutigen Jugend integrieren, wenn sich die Älteren nicht auf Veränderung einlassen können. Wie viel alte Menschen kennst Du, die das Wort GEIL verwenden? Geil ist einfach negativ in dieser heutigen Zeit. Ich persönlich finde dieses Wort aber sehr toll, weil es kein anderes Wort gibt in dem man Toll, Super, Genial usw. auch auf der emotionalen Ebene beschreiben kann. Und was sind Worte ohne Emotionen? Ich wünsche jedem Menschen das gleiche Glück, wie ich selbst durch dieses Wissen erfahren darf.

Veränderung ist das Beste was DIR passieren kann.

Lass Dein Leben einem Wunder gleichen.

Mach es gut und vielen Dank, dass Du dir die Zeit genommen hast meine Zeilen zu lesen.

Ich wünsche Dir das Beste.

Dein Leon Connor

Zeitfracht Medien GmbH
Ferdinand-Jühlke-Straße 7
99095 Erfurt, Deutschland
produktsicherheit@kolibri360.de